여행전문기자 신익수의
닥치GO! 여행
시즌 2_해외여행 Tip 편

여행전문기자 신익수의

닥치GO! 여행

시즌 2_해외여행 Tip 편

신익수 지음

매일경제신문사

머리말

욕 들을 거 뻔히 아는 머리말

경고부터 하고 간다. 이 책, 다른 여행 책과는 차원이 다르다. 화려한 사진, 마음 짠한 감상, 여행지의 상세한 숙박 및 투어 정보, 미안하지만 하나도 없다. 그러니 좍 펼쳐진 사진 한 장 보면서, '아, 여기 가고 싶다'는 생각으로 이 책 펼치신 분들, 당장 덮으시라(덜컥 사고 난 뒤에 기자에게 항의해도, 소용없다. 리콜은 없다).

그딴 거, 낭만, 설렘, 그건 현장에 가서 직접 그대 가슴에 담으시면 된다. 그렇다면 뭘 넣었을까. 맞다. 역시나 여행 팁이다. 이 팁 우습게 보다간 큰코다친다. 예컨대 이런 거. 여행사 패키지여행 예약한 뒤, 출발 5일 전에 취소를 했다면 당연히 살인적인 취소 수수료를 물어야 한다. 한데 이 취소 사유가 친족의 갑작스러운 사고라면 얘기가 달라진다. 취소 수수료 전액, 면제를 받을 수 있다.

환전 팁도 마찬가지다. 인천공항에서 100만 원을 환전한다면 환전 수수료 8만 원 떼고, 92만 원 정도를 손에 쥐지만 전국에서 수수료가 가장 싸다는 서울역 은행에서 환전한다면 97만 원 정도를 받게 된다. 앉은자리에서 4만 원, 버는 셈이다.

사진, 낭만, 감상을 쏙 뺀 대신에, 이 책에는 이런 돈 되는 여행 팁 정보만 빼곡히 집어넣었다. 여행 가면서 꼭 알아 둬야 할 팁, 돈 버는 팁, 여행사 등쳐 먹는 팁, 항공사들이 절대 가르쳐 주지 않는 팁까지, 팁이란 팁, 죄다 긁어 넣었다고 보면 된다. 그러니까, 여행 팁 백과사전이다.

이쯤 되면 다들 2012년에 나왔던 본 기자의 명저 《닥치GO! 여행》을 떠올리실 게다(안 떠올라도 상관없다. 어찌 됐든 서점에 깔렸으니까). 이건 그 업그레이드 버전, '시즌 2'인 셈이다. 2년 전에 나왔던 책이니 낡은 팁들이 많다. 먼지를 털어 내고, 새롭게 취재한 뒤 많은 내용을 또 추가했다. 다 피가 되고 살이 되는 팁들이다.

기자가 이렇게 주장을 해도, 불만 있다는 것 안다. 여행 책에 사진

한 장 없는 게 말이 되냐고? 혹시 컬러로 내면 제작비 많이 들까 봐, 아예 사진 빼고 흑백으로 글만 깐 거 아니냐고(솔직히, 맞다. 책값 낮추려고, 사진 빼고 흑백으로 한 것, 일정 부분 인정한다)? 내용도 100% 새로운 것들은 아니다. 예전 책에서 긁어 온 것도 있고, 신문에 연재한 것도 있다. 당연히, 여행전문가들이 잘 정리한 팁들, 몰래 재가공한 것들도 많다.

사진 한 장 없이, 말도 안 되는 여행 책 내는 것, 반칙 아니냐고? 맞다. 반칙이다. 최근 예능 프로그램에 등장한 어느 고등학교 급훈을 보니 이런 게 있었다. '꼬우면 니가 담임 하든가'. 불만 가진 분들에겐 이런 말 들려주고 싶다. 꼬우면 직접 책 쓰시든가.

한국관광공사 기자실에서
마감에 쫓겨 미친 듯이 기사를 쓰다 말고
신익수

목차

머리말　5

01 여행사가 절대 가르쳐 주지 않는 상품 선택법

항공권 싸게 끊는 방법　15
저가 항공사 제대로 즐기는 비법　23
외국 항공사 티켓 발권 추가 요금 꼭 따지세요　27
안전한 항공사 고르는 노하우　29
항공 마일리지 실전 활용법　31
여행사 제대로 고르는 법　34
해외 당일치기 투어 100배 즐기기　37
여행 취소의 기술　40
일본 여행 공짜로 가는 비법　43
'카우치 서핑' 아세요　45
테마 해외여행 ① 북위 30도 '미스터리 라인' 따라 신비한 여행　47
테마 해외여행 ② 북위 60도 오로라 힐링 투어　55
테마 해외여행 ③ 숫자의 비밀, 숫자 따라 가는 월드 투어　61

02 여행 고수도 모르는 출국 노하우

해외여행 짐 싸는 노하우　71
항공기 내 수하물 부치는 비법　76
가볍고 빠르게 출국하는 노하우　79
인천공항 200% 활용법　83

공항서 조금만 떨어져도 주차 요금 절반으로 '뚝'   86
'처치 곤란' 외투 처리 팁   88
'애물단지' 외국 동전 공항버스 탈 때 써 볼만   91
테마 해외여행 ④ 유럽 지붕 투어   93
테마 해외여행 ⑤ 유럽 반나절 기차 여행   104
테마 해외여행 ⑥ 자전거 타고 파리 구석구석 즐기기   110
테마 해외여행 ⑦ 땅거미가 지면 오싹한 즐거움이 몰려든다   114

03 항공사도 꼭꼭 숨기는 기내 이용 팁

여행 고수들의 여행 필살기 '베스트 7'   121
기내 명당자리 잡는 법   125
임산부 비행기 탑승 규정 총정리   128
태교 여행 100배 즐기는 요령   131
비행기 연착 피해 보상, 확실히 챙겨 받으세요   134
기내에서 귀 막힐 땐 껌이 최고   137
토마토 주스는 비행기에서 먹어야 가장 맛있다?   139
테마 해외여행 ⑧ 죽기 전에 꼭 한 번, 하버브리지 꼭대기를 걸어 보라   141
테마 해외여행 ⑨ 시드니 골목길 따라 구석구석 선술집 투어   145

04 여행 고수들만 아는 환전과 면세 쇼핑 팁

해외여행 환전의 비법   153
원화 강세 돈 버는 환전 비법   155

해외 쇼핑 한도액 바로 알기　158
면세 쇼핑의 기술　161
원화 강세 때 쇼핑 기내보다 면세점을　163
환율 오를 때 쇼핑은 면세점보다 기내서　165
모바일 면세점 스마트 이용법　167
면세 쇼핑 자진 신고 FAQ　171
테마 해외여행 ⑩ 하와이 여행　175
테마 해외여행 ⑪ 섬 하나를 통째로 빌렸다 그대를 위해　184

05 이거 모르면 떠나지 마시라! 안전 여행 팁

안전한 해외여행을 위한 비법　191
해외여행 사고 대처 6가지 계명　194
해외여행 사고 대처법　198
해외 자유여행 안전 노하우　202
해외여행 사기 피해 예방법　205
싱글 여성 여행족을 위한 안전 여행 팁　209
안전 신혼여행 체크리스트 5가지　213
시차 적응 위해 기내선 토막잠을　216
테마 해외여행 ⑫ 미국 서부 캐니언만 따라 돈다 '그랜드 서클 투어'　219
테마 해외여행 ⑬ 대자연의 포효, 브라질 이구아수 폭포　227
테마 해외여행 ⑭ 가 볼 만큼 가 본 너, 북극곰, 펭귄도 만나 봤니?　236

06 바로 써먹는 실전 여행 팁

꼭 알아 둬야 할 여권, 국제면허증 상식　243
'알뜰 여권' 이용법　247

해외 신용 카드 이용 팁 250
비트코인으로 여행 가는 법 254
외국관광청 홈페이지, 할인쿠폰으로 꽉 찼네 258
여행 이벤트 당첨 비법 261
무료 시티투어버스 100% 활용법 264
해외여행 필수 앱 267
알아 두면 편한 '이색 에티켓' 273
여행 팁 버킷리스트 276
테마 해외여행 ⑮ 은밀하게 화끈하게 '설탕' 투어 280
테마 해외여행 ⑯ 반전 마카오 여행 287

07 여행 사기, 절대 당하지 않는 필살기

패키지 잘 고르는 5계명 299
초저가 상품 제대로 고르는 6가지 노하우 302
항공권 예약 절차 알면 사기꾼 피할 수 있다 305
꼭 알아 둬야 할 사기 유형 307
론리 플래닛 선정 여행 사기 10유형 310
더치트, 뛰는 사기꾼 잡아 주는 나는 사이트 315
테마 해외여행 ⑰ 미니 월드 싱가포르 317

부록 321

01

여행사가 절대 가르쳐 주지 않는
상품 선택법

솔직히 고백부터 한다. 항공권, 여행 상품 싸게 사는 팁 알아보려고 포털 검색 사이트 죄다 뒤졌다는 걸. 이왕 고백한 김에 다 까발린다. 쉽게 책 내려고, 베끼려고 그랬다. 그런데, 세상에, 없다. 제대로 된 팁, 눈 씻고 찾아봐도 없었다. 홧김에 여행사 뒤지고, 한국관광공사 괴롭히고, 대한항공, 아시아나항공 대리 취재 시키고, 팁 찾아 삼만 리에 나섰다. 그렇게 완성된 소중한 팁들이다(물론, 베낀 것도 있다. 대한민국 네티즌들은 정말이지 위대하다). 이번 편은 여행의 시작, 항공권 끊기에서 여행 상품 예약 노하우까지, 예약과 관련된 것들만 담았다. SNS 싸다. 호텔자바, 호텔스닷컴 끝내준다. 하지만 이 책, 이 편엔 거기에 없는 놀라운 노하우가 숨어 있다. 장황한 거 싫다. 긴 건 더더욱 싫다. 보석 같은 노하우, 그래서 1분 안에 뗄 수 있게 엑기스만 담았다. 눈 크게 뜨고 째려보시라.

항공권 싸게 끊는 방법

 여행 자주 가 보면 안다. 묘하게 같은 여행지, 같은 비행기인데도 누구는 비싸게 끊고, 누구는 싸게 끊는다는 걸. 세상은 그런 거다. 당신이 얼굴 찡그리며 흥정하는 사이, 누군가는 싼 항공권 끊어서 유유히 한국을 떠난다. 그래서 준비했다. 항공권 반값으로 끊는 법. 알아두시라.

얼리 버드(early bird)가 돼라

 미리 예약하면 항공권이 싸진다는 거, 삼척동자도 안다. 문제는 그 기간이다. 도대체 얼마나 미리? 여기서 막힌다. 최근에 이 애매함을 딱 정리해 준 사이트가 있다. 여행 가격 비교 사이트 스카이스캐너(www.skyscanner.co.kr)다. 최근 3년간 이 사이트로 항공편을 예매한

수천만 건의 표본을 토대로 '최적의 항공권 예약 시점(Best Time To Book) 보고서'를 낸 것이니 신뢰할 만하다.

일단 평균치부터 외워 두자. 여행지에 따라 편차는 있지만 핵심은 '출국 6주 전'이다. 이때 예약을 하면 평균 3.9% 싸게 살 수 있다는 거다. 조금 더 자세히 뜯어볼까.

우선 이웃 나라 일본. 가장 싸지는 마법의 항공권 예약 시기는 출국 7주 전이다. 이때 끊으면 무려 13% 정도 비용을 절감할 수 있다. 한국인이 즐겨 찾는 여행지 '넘버 투' 미국은 다르다. 일본보다 2개월 일찍 서둘러야 한다. 미국행은 출국 17주 전 예약이 가장 싸다. 이 마법의 시기 할인율은 평균 13%대다. 중국은 조금 다르다. 마법 시기는 6주 전. 이때 할인율은 12%대다.

구매 시점에 따라 항공권 가격 변동 폭이 가장 큰 여행지는 호주다. 동일한 날짜에 출국하는 항공편이더라도, 예약 시기만 잘 찍으면 무려 26만 원을 절약할 수 있다. 최적의 호주 여행 예약 시점은 7주 전이다. 할인율은 무려 25%대. 호주 여행을 계획하고 있다면 이 '7주 전' 잊지 마시라.

가장 서둘러야 싸지는 곳은 필리핀이다. 필리핀 마법의 예약 시점은 출국 19주 전, 즉 5개월 전이다. 평균 24%가량 싸다.

대만은 8주 전, 태국은 12주 전이 가장 싸다. 홍콩은 13주 전이다. 영국과 베트남은 17주 전이니 서두르는 편이 낫다.

이 보고서에서 눈여겨볼 또 하나의 팁은 1년 중 가장 싸게 항공권을 구매할 수 있는 '마법의 시기'에 대한 분석이다. 한국 출국 항공권 가격은 3월에 가장 저렴하다. 주 단위로 세분화한다면 12월 첫째 주(48주)가 항공권 비용을 줄일 수 있는 최적의 출국 시점으로 분석된다. 3월에 출국한다면 평균 12.8%가량 비용을 줄일 수 있다. 12월 첫 주 출국이라면 그 할인율은 13.5%까지 떨어진다.

당연히 피해야 하는 시기, 항공권 가격이 비싼 계절이다. 이 분석에 따르면 항공권 가격이 가장 비싼 시기는 1월이다. 주 단위로 구분한다면 가장 살인적인 시기는 9월 중순(38주)이다.

해외 체류 기간을 조정하라

항공권에 유효 기간 있다는 것, 모르는 분들 의외로 많다. 더 심각한 건 유효 기간에 따라 비행기 가격이 달라진다는 걸 모르는 거다. 장거리, 단거리에 따라 유효 기간 당연히 달라진다. 장거리는 최소 1달, 45일, 3달, 6달, 1년의 유효 기간이 있다. 반면 단거리는 7일, 14

일, 1달, 1년으로 유효 기간이 나뉜다. 당연히 유효 기간이 짧은, 즉 체류 기간이 짧은 항공권이 더 저렴할 수밖에 없다.

비성수기를 적극 활용하라

당연한 계명이다. 비수기 항공권 쌀 수밖에 없다. 연휴, 방학, 휴가철, 연말은 성수기 중 최고의 성수기다. 가격도 상한가다. 5월 초 근로자의 날부터 어린이날까지 이어지는 연휴가 대표적이다.

방문 지역의 기온 조건에 따라 성수기 비성수기 기간이 달라지는 것도 꼼꼼히 따져야 한다. 유럽은 추운 겨울이, 반대로 남반구 호주는 한국이 여름일 때 겨울이기 때문에 비수기가 된다. 특히 6월과 10월에는 또 한 단계 더 가격이 뛴다. 워킹홀리데이로 인해 항공권 수요가 많아지는 탓이다. 남태평양과 동남아는 한국이 추울 때 갈 수 있는 따뜻한 기온의 지역으로 가격이 높고, 더울 때 저렴해진다.

경유지(스톱오버)를 활용하라

직항이라고 무조건 좋은 게 아니다. 오히려 한 번 경유지를 거치면 몸과 마음이 홀가분해질 때가 있다. 경유 노선을 잘만 짜 넣으면 중간 체류 기간을 최대 7일까지 늘릴 수 있다. 장시간 여행을 하는 여행객이라면 한 번의 항공권 구입으로 두 나라를 한꺼번에 여행할 수 있는 기회를 잡을 수 있다는 의미다.

스톱오버는 항공권 구매 때 미리 신청만 하면 된다. 여행지가 선정되면 경유지에 따라 항공사를 선택하는 것도 하나의 방법이다. 항공사에 따라 스톱오버 서비스의 절차가 다르지만 무료로 제공하는 항공사도 많으며 1회에 10만 원 정도 추가하면 어렵지 않게 이용할 수 있다.

에어텔(air + hotel)을 이용할 것

항공사에는 일반 항공권뿐 아니라 호텔 바우처 첨부 조건의 항공 가격과 호텔 구매 조건으로 판매하는 '항공+호텔' 상품이 별도로 존재한다. 이는 보통 항공과 호텔을 따로 예약하는 것보다는 20~30% 저렴하다.

외국 항공기를 이용할 것

가장 손쉬운 방법은 외국 항공기를 이용하는 것이다. 한국은 묘한 나라다. 대한항공, 아시아나항공 국적기를 이용한 국제선 점유율이 2008년 기준 61%에 달할 만큼 토종 선호 현상이 강하다. 더 아이러니한 것은 같은 노선 외국 항공사를 이용한다면 비용이 3분의 1 이상 대폭 준다는 것. 예컨대 발리행의 경우 대한항공 대신 가루다인도네시아항공을 이용하면 비슷한 값에 비즈니스 좌석에 앉을 수 있다. 그렇다고 서비스가 떨어지는 것도 아니다. 같은 비즈니스 좌석이라면 대한항공이 두 배 수준. 굳이 비싼 국내 항공사를 이용할 필요가 없는 셈이다.

목요일 출발은 무조건 피하라

출발 요일에 따라 항공권 값은 천차만별이기 때문이다. 요일만 잘 찍어도 항공권 값 10만 원 이상 줄일 수 있는 '요일의 법칙' 핵심은 이렇다. 일요일과 화요일 사이에 출발할 것. 반대로 가장 항공권 요금이 비싸지는 요일은 목요일, 2위가 금요일이다. 주말을 끼고 가는 습관 때문이다.

'떨이용' 땡처리 항공권 활용할 것

이거 대박이다. 땡처리니, 싼 건 기본. 재밌는 건 떠날 날짜가 임박할수록 가격이 싸진다는 거다. 심지어 2~3일 전 땡처리 상품은 80%, 90% 이상 싸지기도 한다.

물론 여기엔 가슴 아픈 사연이 있다. 휴가철용으로 여행사들이 항공사의 좌석(블록)을 대거 잡아 놓았는데, 아쉽게 판매 실적이 저조했던 것. 어차피 비행기는 떠나는 거고, 그러니 울며 겨자 먹기로 싸게 팔 수밖에 없는 거다.

요즘엔 아예 땡처리 상품만 전문적으로 취급하는 땡처리 여행 상품 포털도 많다. 땡처리닷컴(www.072.com), 땡처리항공닷컴(072air.com), 땡처리에어텔닷컴(www.072airtel.com) 등이 대표적이다. 요즘은 전문 예약 사이트에도 땡처리 전문 코너가 있다. 스카이스캐너(www.skyscanner.co.kr)를 통해서도 땡처리 최저가 항공권을 실시간으로 확인할 수 있다.

대부분 항공권뿐만 아니라 패키지까지 급박하게 취소된 해외 패키지 상품을 싸게 고를 수 있는 쇼핑몰이니 꼭 한번 둘러봐야 한다. 출발 1~3주 전의 좌석이 대부분. 적게는 10%, 많게는 70%까지 싸다.

간혹 여행사 홈페이지를 둘러봐도 보석을 건질 수 있다. 부정기적이긴 하지만, 하나투어나 모두투어 등 대형 여행사들도 땡처리 코너를 따로 마련한다.

여행 고수들만 아는 '땡처리 잡기 비법'도 있다. 첫 번째는 하와이 같은 복수 취항지를 노릴 것. 여러 항공사가 많은 비행기를 공급하니, 취소율이 높을 수밖에 없다. 눈 크게 뜨고 보시라. 여행 관련 커뮤니티를 공략하는 방법도 있다. 물론 가입자 수가 많을수록 좋다. 휴가철이면 여행사들이 아예 이벤트성으로 할인 항공권과 땡처리 항공권 안내문을 띄워 놓는다.

이도 저도 아니라면 딱 한 가지 방법뿐이다. 째려보고 있다가 광클(빛의 속도로 클릭)하기.

저가 항공사 제대로 즐기는 비법

옛말 틀린 게 없다. '싼 게 비지떡'이란 말, 딱 적용되는 게 요즘 뜨고 있는 '저가 항공사(LCC)'다. 가격 보고 덥석 물었다간 낭패 보기 십상이다. 그래서 소개한다. 저가 항공 제대로 즐기는 9가지 비법이다. 물론 신뢰도를 높이기 위해 한국소비자원이 내놓은 '깐깐한 이용 요령'을 정리한 거다. 외워 두시라.

'특가' 단어에 속지 마라

저가 항공사의 수식은 현란하다. '어어' 하다간 한 방에 훅 간다. 대표적인 게 특가를 가장한 수식어다. 예컨대 '얼리 버드', '특가', '실속', '슈퍼 세이브' 등의 현란한 수식어가 붙은 건 일단 경계해야 한다. 계약 해지 때 약관 등을 이유로 운임을 전액 환급하지 않는 경우가 있으니 신중, 또 신중해야 한다.

포인트 적립을 확인할 것

마일리지 개념은 없다. 하지만 포인트제는 많다. 신용 카드 제휴를 통해 포인트를 적립해 주는 곳도 있다. 국제선의 경우에는 혜택이 더 많아진다. 면세점이나 특정 숙박 시설, 제휴점 할인 서비스도 있으니 꼭 챙길 것. 어디서? 항공사 홈페이지에서 확인하면 된다.

위약금을 꼭 체크하라

저가 항공사 위약금, 배보다 배꼽이 클 수 있다. 항공권 결제 전에 필히 여행지, 영문명, 환급 규정, 일정 변경 가능 여부와 함께 여행 취소 때의 위약금을 정확히 읽어 둬야 한다. 만 3~13세의 운임 기준도 제각각이다. 성인 요금의 25%인 곳도 있고 10% 또는 5,000원 할인인 곳도 있다.

일정은 최대한 신중하게

일반 항공사에 비해 운항 편수나 승객 정원이 적다. 당연히 항공편이 취소되거나 운항이 지연될 경우 대처가 미흡하다. 신중하게 일정을 짜야 하는 까닭이다.

각종 수수료도 체크

싼 대신 따라붙는 비용이 많다. 유류 할증료야 당연한 거고, 항공권 취소 수수료, 날짜 변경 수수료, 좌석 지정 수수료 등 각종 수수료가 규정돼 있다. 노인, 군인, 국가 유공자, 소아 장애, 특정 도민, 경찰, 장애인 등 신분 할인제를 운영하는 항공사도 있으니 미리 체크해 둬야 한다.

수하물 운임 기준 확인

이거 까다롭다. 운임 기준이 제각각인 건 다반사. 여기에 기내 수하물이나 무료 위탁 수하물 기준이 항공사별로 다르다. 해당 항공사의 수하물 운임 기준을 파악한 후 각자의 수하물 무게를 재 정확한 운임을 알아 둬야 낭패를 당하지 않는다.

인터넷 탑승권이 편하다

인터넷으로 좌석을 예약하는 게 가장 낫다. 인터넷 좌석 배정 여부, 인터넷으로 탑승권 발권이 가능한지도 미리 확인해야 한다.

음료 등 기내 서비스 가격도 짚어라

생수, 주스 등 기본 음료를 무료로 제공하는 곳도 있지만 음료 일체를 유료로 제공하는 항공사도 많다. 유·무료 여부 확인, 필수다.

피해 신고는 '소비자상담센터'

앞의 8가지 비법 외우고 체크해도 당한다. 이럴 땐 주저 없이 소비자상담센터(국번 없이 1372)에 문의하시라.

외국 항공사 티켓 발권 추가 요금 꼭 따지세요

온통 '수수료'가 난리다. 여행도, 넓게 보면 수수료나 다름없는 추가 비용이 상상을 초월한다. 예컨대 유럽을 간다고 치자. 이곳저곳을 뒤져 60만 원대 항공권을 찾더라도 추가로 부담해야 할 요금만 30만 원에 달한다. 이웃 나라 일본을 가는 데 드는 추가 비용도 20만 원대가 넘는다.

이들의 정체가 뭘까. 우리가 흔히 아는 항공권 수수료는 '유류 할증료와 세금'이다. 구체적으로는 공항 이용료, 유류 할증료, 전쟁 보험금 등이다. 이 중 항공사에서 징수하는 게 유류 할증료와 전쟁 보험금이다. 공항에서는 여객 이용료와 문화체육관광부의 관광진흥개발기금을 받아 간다. 이런 복잡한 항목들을 합쳐 '세금'이라고 칭한다. 여행객 처지에서는 이 항목을 잘 알고만 있어도 항공권을 더 싸게 구입할 수 있다.

우선 공항 이용료. 여객 이용료와 관광진흥개발기금으로 구성된다. 지금은 항공권을 발권할 때 함께 낸다. 국제선의 경우 인천공항과 김포공항은 1만 7,000원, 김해공항을 비롯한 지방 공항은 1만 2,000원씩이다. 관광진흥개발기금은 1만 원이다. 유럽으로 간다고 치면 2만 7,000원을 내야 하는 셈이다. 국내선은 모든 공항이 관광진흥개발기금 없이 여객 이용료 4,000원을 받는다. 당연히 예외는 있다. 외교관 여권을 소지하고 있는 사람과 만 2세 이하 영아, 주한 미군은 면제다.

가장 큰 비중을 차지하는 게 유류 할증료다. 달러 기준이니 당연히 환율 영향을 받는다. 항공기를 갈아타는 것보다 직항이 유류 할증료가 저렴하다는 게 절약 포인트다. 알뜰 여행객들이 싸다고 많이 찾는 외국 항공사의 항공권에도 함정이 있다. 일반적으로 외국 항공사 항공권에는 국적기보다 훨씬 많은 추가 요금이 붙는다. 추가 지불 요금은 돌아갈수록, 항공기를 많이 갈아탈수록 늘어난다고 보면 된다. 경유 편도 마찬가지다. 경유지가 많고 싼 항공권일수록 추가 지불 요금은 늘어날 수밖에 없다. 배보다 배꼽이 더 큰 황당한 일을 당할 수도 있다.

안전한 항공사 고르는 노하우

항공기 추락 사고. 심히 불안하다. 항공기 이착륙 때 사고가 발생할 확률, 평균적으로 228만분의 1로 추산한다. 그러니, 사고 복불복이다. 이럴 때 알아 두면 그나마 안심이 되는 게 항공사별 안전도다. 놀랍게 순위가 있다.

가장 최근에 나온 건 2013년 1월, '제트 여객기 충돌 데이터 평가 센터(JACDEC)'가 전 세계 60개 항공사들의 순위를 매긴 '가장 위험한 여객기 톱 10 리스트'다. 1983년부터 2012년 말까지 30년간 발생한 선체 파손 사고와 사망 인원수를 토대로 낸 순위다.

1위는 중화항공. 선체 파손 8번, 사망자 755명이다. 살벌하다. 2위는 '전통의 공포 항공 강자(?)'인 브라질 국적기 TAM이다. 선체 파손 사고 6번, 사망자 336명이다. 3위 에어인디아, 4위는 브라질 저가 항공인 GOL. 영예의 5위가 대한항공이다. 선체 파손 9번, 사망자 687명이다. 그 아래로 터키항공, 타이, 사우스아프리카 등이 랭크돼 있다. 반면 가장 안전한 항공사로는 호주 콴타스항공이 꼽힌다.

수하물 분실로 악명 높은 항공사 순위도 있다. 이거, 당해 본 사람은 안다. 황당하다. 수하물 분실로 악명 높은 항공사 블랙리스트도 이참에 알아 두자. 동남아, 미주 지역은 그나마 나은 편이라 유럽 쪽만 공개한다.

유럽항공연합(AEA)이 2009년 발표한 자료에 의하면 유럽 26개 항공사 중에서 수하물 분실 1위의 아성을 지키고 있는 곳은 단연 스페인의 이베리아항공이다. 승객 1,000명당 무려 19.2개의 수하물을 분실하는 놀라운 기록의 보유자다.

2위는 에어프랑스. 기자 역시 영국 여행 때 희생양이 된 적이 있다. 에어프랑스의 기록은 승객 1,000명당 18.9개. 이베리아항공을 0.3개 차로 바짝 쫓고 있다.

놀라운 건 평균 분실률이다. 26개 항공사의 평균 분실률은 1,000명당 13.0개에 달한다. 여기서 여행 팁 한 가지. 유럽 갈 땐 짐 분량, 확 줄여 가시라는 거다. 잃어버릴지 모르니.

항공 마일리지 실전 활용법

항공 마일리지. 어쨌건 털어 내야 하는 보너스다. 재탕(?), 삼탕(?) 강조해도 부족함이 없으니, 이참에 다시 한 번 핵심만 정리하고 가자.

가장 궁금한 것 중 한 가지. 대한항공이냐 아시아나항공이냐 선택이다. 일반인들이라면 무조건 하나에 올인 해야 한다. '마일리지 헌터'들 선택은 아시아나다. 실제 인천~나리타 노선을 보자. 대한항공은 758마일, 아시아나항공은 760마일이다. 인천~뉴욕 노선도 대한항공(6,879마일)보다 아시아나항공(6,882마일)이 적립률이 높다. 해당 항공사 노선에 여행지가 없을 땐 항공사별 국제 동맹(스카이팀, 스타얼라이언스 등) 항공사 노선을 이용하면 된다.

굳이 비행기에 오르지 않더라도 마일리지는 쌓인다. 항공 마일리지와 연계된 신용 카드를 쓸 때다. '마일리지 카드' 지존은 씨티은행 '메가마일 카드(스카이패스나 아시아나 중 선택 가능)'다. 카드 사용액 1,500원당 1마일씩 무제한 적립되는 데다 특별 적립이라는 게 따로 있어 '마일리지족'에게는 필수품이다. 예를 들어 엔터테인먼트는 1,500원당 20마일, 여행은 10마일, 라이프는 7마일씩 추가로 적립된다. 월 특별 적립 한도도 전월 사용 실적에 따라 달라진다. 100만 원 넘게 쓰면 3,000마일리지까지도 가능하다.

넘버 투는 '외환 크로스마일'이다. 1,500원당 1.8마일을 적립해 준다. 환율 우대 서비스까지 있으니 일거양득. 특히 마일리지 대여제도 있다. 모자란 마일리지가 있다면 최대 2만 마일까지 미리 지급받아 사용할 수도 있는 게 매력.

넘버 쓰리 카드는 '신한 더 클래식'이다. 대한항공과 아시아나항공 마일리지(택일)를 각각 카드 이용액 1,500원과 1,000원당 1마일리지씩 적립해 준다. 강점은 전월 신용 카드 이용액이 200만 원 이상이면 적립률이 50% 늘어난다는 것.

적립 못지않게 중요한 게, 마일리지 잘 쓰는 법이다. 대표적인 사용처는 좌석 업그레이드. 당연히 성수기보다 비수기에 공제율이 낮으니 비수기를 노려야 한다. 예컨대 이런 식이다. 대한항공과 아시아나항공 모두 국내선은 비수기 1만 마일, 성수기 1만 5,000마일씩을, 동남아는 비수기 4만 마일, 성수기 6만 마일씩을 각각 차감한다.

가족들에게 양도할 수도 있다. 대한항공과 아시아나항공은 직계 존·비속과 외조부모, 배우자 부모, 형제 등 가족이 마일리지를 합산해 사용할 수 있도록 규정해 놓고 있다.

항공권 구매 외에도 마일리지 사용처 또한 다양하다. 대한항공 스카이패스 회원이면 'KAL 라운지' 입장이 가능하다. 아시아나항공 역시 마일리지를 통해 인천공항 퍼스트 클래스, 비즈니스 클래스 라운지, 김포·김해공항 라운지 등을 이용할 수 있다. 수탁물 위탁 시에도 무료 허용량을 초과했을 때 발생하는 요금을 마일리지로 결제하면 된다.

여행사 제대로 고르는 법

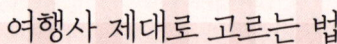

여행의 시작, 여행사 고르기다. 이거, 만만치 않다. 등록된 여행사만 무려 1만 5,254개. 싸다고 덜컥 찍으면 낭패 보는 경우 허다하다. 그래서 옥석 가리는 노하우 반드시 알아 둬야 한다.

판매 방식 체크

여행사의 상품 판매 방식은 두 가지다. 여행객들에게 직접 판매하는 '직판 여행사', 그리고 대리점을 두고 손님을 모으는 '간판(간접 판매) 여행사'다. 당연히 유통 단계 간단한 직판이 싸다. 간판 여행사는 유통 수수료 때문에 비싸긴 해도, 전국망(대리점)이 있으니 훨씬 편하다. 대리점의 판매 수수료는 상품 가격의 9% 정도로 보면 된다. 직판은 참좋은여행, 여행박사 같은 곳이고, 간판은 하나투어, 모두투어

같은 대형사가 대표적이다.

공개 게시판을 확인할 것

가장 중요한 건 여행 다녀온 '선배'들의 평가나 만족도다. 떳떳한 여행사라면 당연히 공개된 게시판을 운영한다. 불만 사항을 '비밀 글'이나 이메일로만 접수받는다면 일단 '구리다'고 보면 된다.

초특가, 땡처리 많다면 의심

싼 게 비지떡이다. 땡처리나 초특가 같은 세일 판매가 많다면 일단 의심해 보시라. 결국은 현지의 옵션 관광이나 강제 쇼핑으로 거품을 뺀 부분을 충당할 수밖에 없다. 자주자주 초특가 땡처리 상품이 올라오는 여행사, 주의할 필요가 있다.

업력, 기업 공개 체크

여행사만큼 창업과 폐업이 잦은 업, 많지 않다. 일단 10년 존속했다면 대단한 거다. 특히 코스닥 등 주식 시장에 기업 공개가 된 회사라면 일단 믿어도 된다. 기업 공개가 된 회사, 하나투어, 모두투어, 참좋은여행, 롯데관광 등이다.

보증 보험 가입 여부는 꼭 확인

여행사 선택 기본 중의 기본이 보증 보험 가입 여부다. 만일의 사태를 대비해 고객을 보호하기 위해 여행사가 가입하는 게 보증 보험이다. 여기에 가입조차 돼 있지 않다면 무조건 피하시라.

해외 당일치기 투어 100배 즐기기

해외여행 때 가끔 황당한 경우가 있다. 뜬금없이 시간이 남는 때다. 이럴 때 막막하다. 그냥 '킬링 타임' 하기엔 1분이 천금 같다. 이럴 때 요긴한 사이트가 있다. 아예 해외 현지, 그것도 당일로 치고 빠지는 총알 데이 투어만 골라 모아 놓은 놀라운 곳이다. 반나절짜리, 심지어 4시간 단위 시티 투어도 있으니 멋질 수밖에. 주인공은 '원데이투어(www.1daytour.co.kr)'다.

이 사이트, 대놓고 얘기한다. 여행을 직접 만들어 가는 재미를 알고 있는 여행 고수, 'DIY(Do it yourself)족'들은 무조건 거쳐 가 보시라고.

큰소리칠 만하다. 안에는 없는 지역이 없고, 없는 옵션 투어가 없다. 일종의 옵션 투어 포털이라고 보면 된다. 사실 일반 여행객에겐 옵션 투어 하면 반감부터 든다. 패키지여행에 가이드가 밀어 넣는 수동형 옵션 투어만 알고 있으니 그렇다. 하지만 원데이투어는 정반대다. 이건 능동형 옵션 투어다.

사이트에 들어가 보면 각 지역별로 옵션 투어가 총정리돼 있다. 그중에서 시간, 예산에 맞게 여행객이 골라잡으면 된다. 예컨대 프랑스 파리. 루브르 박물관과 함께 샹젤리제, 개선문, 센 강에 몽마르트르까지 다 돌아보는 한나절 투어가 단 4만 5,000원이다. 마음에 들면 찍으면 끝. 날짜에 맞춰 접선 장소에서 현지 가이드를 만나면 된다.

시티 투어뿐만 아니다. 여행지마다 체험할 수 있는 다양한 일일 투어와 함께 해양 스포츠, 체험 투어 등 입맛대로 나열돼 있다. 동남아뿐 아니라 유럽 각지, 미주, 남태평양, 오세아니아까지 현지에서 당일치기로 즐기는 모든 옵션 투어 리스트가 있으니, 그저 클릭만 하면 된다.

현지 옵션 투어의 '원가'를 알아 가는 맛도 쏠쏠하다. 이 옵션 투어 비용은 가이드가 복마전 형태로 제공하는 가격이 아니다. 거품 쏙 뺀 할인가다. 몇 가지만 볼까.

바다와 사막이 절묘하게 공존하는 신비의 지역, 호주 시드니 포트

스테판과 돌고래 투어를 동시에 즐길 수 있는 현지 옵션 투어는 7만 2,000원(1인)에 이용할 수 있다. 이탈리아 로마 바티칸 투어도 4만 원(1인)이면 충분하다. 일본 규슈 지역의 알짜 포인트만 둘러보는 버스 투어는 단 4만 9,000원(1인). 하와이에선 가장 인기 있는 파파라치 촬영 투어도 있다. 이건 대놓고 찍는 게 아니라 여행을 하고 있으면 전문 사진가가 마치 파파라치처럼 몰래몰래 따라다니며 생생한 사진을 찍어 주는 신기한 옵션 프로그램. 미국 하와이 와이키키에서 달달하고 로맨틱한 기록을 남길 수 있는 파파라치 투어는 21만 원이다.

여행 취소의 기술

불안하다. 예기치 않은 여객선 침몰 사고에 크루즈 여행 예약하신 분들, 취소해야 할지 말아야 할지 고민되실 거다. 이럴 때 필요한 게 취소의 기술이다. 모든 여행은 선금제다. 당연히 취소할 때 수수료를 물어야 한다. 취소 때 꼭 알아 둬야 할 게 공정거래위원회 고시인 소비자 분쟁 해결 기준이다.

국내 여행에서 전액 다 돌려받을 수 있는 취소 기준 날짜는 출발 5일 전이다. 그 이후부터는 취소 수수료가 뛰기 시작한다. 2일 전 10% 배상, 1일 전 20% 배상, 당일 30%씩이다.

해외여행은 출발 20일 전까지 취소를 해야 전액 돌려받을 수 있다. 출발 20일 전 10% 배상, 10일 전 15% 배상, 8일 전 20% 배상, 하루 전 30% 배상, 여기에 당일 취소 때는 여행 경비의 반을 수수료로 토해 내야 한다.

   문제가 되는 건 특별 약관 여행 상품이다. 이 약관이 적용되는 상품은 항공 좌석과 함께 객실에 대한 비용을 선납해 놓은 패키지들이다. 대부분 해외여행 패키지가 이 유형이라 보면 된다. 이때는 환불 조건, 무시무시해진다. 작게는 30%, 많게는 50%까지 위약금을 무는 경우도 있다. 통상의 경우는 이런 식이다. 3주 전(21일)까지 통보하면 전액 돌려받는다. 10일 전 20% 배상, 7일 전 30%, 3일 전 50%, 2일 전부터 당일까지 전액 배상이다.

   항공권 규정은 조금 다르다. 국제선 항공권의 환불 규정은 천차만별이다. 규정 노선 및 항공권 종류에 따라 달라진다. 통상은 이렇다. 출발 전이면 판매 운임의 10%를 공제한다. 이미 하늘로 날아올랐다면(출발 후) 편도 운임과 잔여 운임의 10%를 공제한다.
   국내선은 출발 20분 전이 기준이다. 그 이전이라면 편도당 1,000원씩 일괄 뗀다. 출발 20분 전과 출발 시점 사이에 취소를 하게 되면 발권 운임의 15%가 공제된다.

이런 경우는 어떨까. 여행 가는 나라의 시국이 불안하거나 대지진 같은 재앙이 일어나 부득이하게 취소할 수밖에 없는 거다. 일단 결론부터 말씀드리면 '보상받을 수 없다'는 것. 다만, 공정거래위원회가 마련한 표준 약관에는 "천재지변, 전란, 정부의 명령, 운송·숙박 기관 등의 파업이나 휴업 등으로 여행의 목적을 달성할 수 없는 경우"에 한해 손해 배상을 청구할 수 있다고 명시돼 있다. 하지만 책임 소재를 밝히는 이 과정이 만만치 않다.

부모님 상이나 교통사고를 당한 경우도 있을 수 있다. 해외여행 표준 약관에는 위약금 없이 계약을 깰 수 있는 경우를 정하고 있다. 딱 3가지다. 외워 두고 꼭 써먹으시라.
　① 3촌 이내 친족이 사망한 경우 ② 질병 등 여행자의 신체 이상 발생으로 참가 불가능한 경우 ③ 배우자 또는 직계 존·비속이 신체 이상으로 3일 이상 병원 입원(출발 시점까지 퇴원 곤란)한 경우.

이것저것, 다 헷갈릴 경우는 해결사가 있다. 당황하지 말고 전화기를 편히 든 뒤 한국소비자원이나 한국여행업협회(KATA) 여행불편처리센터로 연락만 하면 끝.

일본 여행 공짜로 가는 비법

입 쩍 벌어진다. 상상 초월 여행 팁이다. 단, 절대 소문내지 마시라. 논란이 되면 중단될지 모르니깐.

일단 '경유의 마법'부터 알아야 한다. 직항이라고 무조건 좋은 게 아니다. 경유지를 찍는 것, 몸은 피곤해도 마음이 편할 때가 있다. 여행 고수들은 오히려 중간중간에 경유지를 섞어 넣고 총알 투어를 즐긴다. 경유 노선을 잘만 짜 넣으면 중간 체류(스톱오버) 기간을 최대 7일까지 늘릴 수 있다. 한 번의 항공권 구입으로 두 나라를 한꺼번에 여행할 수 있는 놀라운 기회를 잡을 수 있다는 의미다.

스톱오버는 항공권 구매 때 미리 신청만 하면 된다. 여행지가 선정되면 경유지에 따라 항공사를 선택하는 것도 하나의 방법이다. 항공사에 따라 스톱오버 서비스의 절차가 다르지만 무료로 제공하는 항공사도 많으며 1회에 10만 원 정도 추가하면 어렵지 않게 이용할 수 있다. 자, 그럼 지금부터 일본 공짜로 가는 비법 소개한다.

　해외에 나갈 때 여행객들, 보통 왕복으로 티켓을 끊는다. 이때 한국으로 돌아오는 티켓을 '인천공항(경유)-일본(도착)'으로 끊는 거다. 쉽게 말해 한국이 경유지가 되는 형국이다. 이렇게 하면 일본 공짜 여행 1차 관문은 끝. 그리고 돌아올 때 경유지인 한국에서 그냥, 집으로 가시면 된다. 그렇다면 일본 공짜 여행은 어떻게? 그 티켓을 버리면 안 된다. 우린 경유지에 도착해 있는 거니깐. 그리고 그 티켓으로 1년 안에 일본을 찍고 돌아오면 된다. 물론 일본에서 돌아올 때는 편도 티켓을 사야 한다(가는 것만 공짜니깐). 이 방법, 요즘 동남아, 특히 필리핀에서 돌아올 때 이용하는 여행 고수들이 많다. 경유 티켓의 유효기간은 보통 1년이다. 짧게는 3개월~4개월짜리도 있는데 이건 가격이 더 싼 편이다.

　그렇다면 비용은 어떠냐고? 당연히 이 경유 티켓을 끊을 경우 오히려 더 싸지니, 그게 더 매력이다. 필리핀에서 한국으로 돌아온다고 치면, 편도 티켓의 경우 '한국(경유)-일본(도착)' 경유편 티켓으로 끊으면 10~15% 정도가 싸다. 돈도 벌고, 일본도 공짜로 가고 일거양득이다.

'카우치 서핑' 아세요

친구와 깨끗한 방. 해외여행 때 꼭 필요한 두 가지다. 더욱이 그 친구가 여행 마니아라면 더 좋을 터. 떠나 본 사람만이 떠나온 사람의 진심을 아는 법이다. 방까지 공짜라면 더 말할 나위가 없다.

이럴 때 유용한 사이트가 있다. 2004년 시작된 인터넷 커뮤니티 '카우치 서핑(www.couchsurfing.org)'이다. 홈페이지를 통해 서로 신상 정보를 확인하고 이메일로 약속을 잡고 이용하는 방식이다.

단순 커뮤니티로 우습게 보다간 큰코다친다. 현재 회원은 231개국 6만 4,000여 도시에 걸쳐 133만 2,600여 명. 이 사이트로 무료 숙소를 잡은 건수만 136만여 건에 달한다. 친구로 맺어진 경우는 153만여 건.

다양한 국가의 여행 마니아들이 가입해 있는 것도 흥미롭다. 미국(23.2%), 독일(9.5%), 프랑스(8.6%), 캐나다(5.1%), 영국(4.9%), 호주(2.9%), 이탈리아(2.9%), 브라질(2.6%), 스페인(2.5%), 네덜란드(2.0%) 순이다. 한국에도 8,000여 명의 회원이 활약하고 있다.

이용 방법도 비교적 간단하다. 1차는 회원 가입. 이후 홈페이지 초기 화면의 중앙에 있는 '카우치 검색(SEARCH FOR A COUCH)' 코너를 통해 여행할 국가를 검색하면 된다. 국가명 옆에는 이용 가능한 무료 숙소의 개수가 나온다. 클릭하면 숙소 제공자들의 정보가 쭉 이어진다. 사는 도시, 성별, 직업과 간단한 자기소개를 통해 상대의 정보를 파악할 수 있다.

이용자명을 직접 클릭하면 상세 정보가 나온다. 무료 숙소 이용 경험이나 여행자들의 평가를 보고 마음에 들면 선택하면 된다.

주의할 것 하나. 안전 문제는 여행하는 당사자의 책임이다. 이메일과 전화로 사전에 상세한 정보를 얻는 것은 필수다.

테마 해외여행 ①

북위 30도 '미스터리 라인' 따라 신비한 여행

'라인 투어'라는 게 있다. 버뮤다 삼각 지대, 이집트 피라미드, 중국 황산, 사해, 마리아나 해구까지. 굳이 이름을 붙인다면 '미스터리 라인'쯤 될까. 정확히는 '북위 30도'를 따라 그은 라인이다. 공교롭게도 그 라인을 따라 미스터리 여행 포인트들이 포진해 있다. 명품 '오로라 라인'으로 불리는 북위 68도 라인을 골라 찍는 오로라 헌터처럼 이곳만 다니는 여행 마니아들을 '미스터리 헌터'라 부르면 될까. 아직 대한민국에 이 라인을 다 돌아본 헌터는 없다. 1호가 돼 보는 건 어떠실지.

황산, 천하제일 비경에 숨이 컥~ 멎었다

미스터리 헌터? 천하제일기산(天下第一奇山)? 보는 곳마다 선계? 1만 4,000봉에 24개 협곡? 심지어 제임스 캐머런 감독이 영화 〈아바타〉를 만들 때 영감을 받았다는 서해대협곡까지? 다 필요 없었다. 단 1시간, 게다가 계단만 디디면 정상을 찍을 수 있는 유일한 명산이라는 말에 끌렸다. 게다가 입구에서 케이블카로 출발이라니. 눈물 날 뻔했다.

케이블카 코스는 3개다. 원하는 트레킹 강도에 따라 골라잡으면 된다. 지독히도 걷기가 싫으시다고? 걱정 붙들어 매시라. 당황하지 말고 '운곡 케이블카-백아령'이나 '태평 케이블카-단하봉' 코스를 선택하면 끝. 아니다. 난 기어이 걸어서 황산 속살을 봐야겠다는 분들, 말리지 않겠다. 옥병 케이블카를 타고 영객송으로 빠져나가는 루트를 택하면 된다. 당연히 기자, '태평 단하봉' 루트로 향했다.

꿈같은 케이블카 투어가 끝난 뒤 본격적인 발품 코스다. 시작부터 살벌하다. 기암절벽을 휘감고 있는 허공 다리는 걷는 것만으로도 심장이 쫄깃해진다. 고개를 들면 황홀경, 떨구면 급경사를 이룬 깎아지른 절벽. 참으로 절묘한 대비다. 사실 걷는 것도 쉽다. 계단이 정상까지 이어진 덕이다. 케이블카 루트 3개를 따라 이렇게 만들어진 계단만 14만 개. 아니다. 지금도 계단이 계속 늘고 있으니 20만 개쯤 된다고 봐야 할 게다.

두 시간쯤 가파른 계단 산행을 마친 뒤 도착한 곳은 광명정. 높이 1,860m의 아찔함을 자랑하는 전망대 격이다. 이곳에선 황산이 자랑하는 1만 4,000봉, 대부분 봉우리를 품을 수 있다. 그렇게 황산이 자랑하는 '파노라마 영상'이다. 어, 장관이다. 한반도 설악산 대여섯 개를 통째 가져다 섞어 놓은 절경이다.

지체할 수 없다. 곧장 서해대협곡으로 향했다. 이곳, 황산 24협곡 중 으뜸으로 꼽는 곳이다. 오죽하면 캐머런 감독이 여기에서 〈아바타〉 영화의 영감을 얻었을까.

가는 길은 제법 험하다. 허공 다리 계단을 따라 한 시간 이상을 내려가야 한다. 걷기를 죽어도 싫어하는 기자지만, 협곡 아래까지 내려간 이유가 있다. 놀라지 마시라. 모노레일. 지옥 같은 허공 다리 걷기가 끝나면 올라오는 코스는 가볍게 모노레일을 타면 끝이다. 2013년 7월 이 모노레일 등장 전까지 무려 5시간 종주해야 볼 수 있던 비경 투어를 지금은 1시간 30분 만에 끝낸다. '황산을 보고 나면 그 어떤 곳도 눈에 차지 않는다'는 말, 실로 서해대협곡을 일컫는 것이리라. 깎아지른 듯한 험준한 계곡을 따라 기암, 기송, 운해가 환상 절경을 만들어 낸다.

그러고 보니 저건 뭘까. 긴 대나무 작대기 두 개를 연결해 만든 인력거를 지고 오르는 이들이 있다. 가이드에게 물었다. 답변이 기가 막힌다. 원하는 곳까지 데려다 주는 '산악용 택시'라는 것. 아쉬운 건 살인적인 가격이다. 30분쯤 가는 데 우리 돈 4만~5만 원 선. 험준한 코스는 부르는 게 값이다. 황산, 언제 다시 올까. 시승을 하려는 찰나, 가이드가 말린다. 턱으로 기자의 몸을 가리킨다. 아뿔싸! 또 다른 할증 요인. 몸무게다. 기자처럼 100kg에 가까운 육중한 비만족들, 덥석 탔다간 바가지 쓰기 십상이다. 추가 할증, 주의하시라. 미스터리 황산. 아찔한 비경만큼이나 상혼도 아찔하다.

여행 Tip

• **황산 투어 준비물**
사실 험준하다. 곳곳에 위험이 도사리고 있다. 황산의 비경, 반드시 멈춰 서서 구경할 것. 걸으며 감상하다가 계단 헛디디면 그 순간 낭떠러지다. 사진을 찍을 때도 안전에 유의. 비옷이나 방수가 되는 긴소매 재킷은 필수다. 미끄럼 방지 기능이 있는 운동화도 꼭 착용할 것.

• **황산 숙소**
놀랍게도 해발 1,630m 산 정상에 특급 호텔이 5개 이상 포진해 있다. 메이저 여행사들이 대한항공, 아시아나항공 직항 노선으로 가는 패키지 상품을 내놓고 있다. 칭다이 옛 거리, 포가화원 등 인근 주요 관광지를 둘러보고 발 마사지도 받는다.

마리아나 해구, 영화감독 제임스 캐머런의 심해 여행으로 유명

　우리나라에선 동남쪽 3,200km 지점의 서태평양 한복판이다. 지역으로는 북마리아나 제도에 속한다. 북마리아나를 구성하는 14개 열대 섬은 서태평양 650km에 걸쳐 뻗어 있다. 이 인근이 마리아나 해구다. 가장 깊은 곳은 무려 1만 900m에 달한다. 에베레스트 산을 이 속에 집어넣으면 산 정상에서 물 표면까지 2.5km 정도가 남는다.

　사실 투어로는 힘들다. 경비행기를 타고 하늘에서 내려다보는 정도가 끝. 하지만 마니아들은 있다. 대표적인 이곳 여행 마니아가 영화감독 제임스 캐머런이다. '딥시 챌린저(Deepsea Challenger)'라 명명된 12t의 잠수정으로 기어이 그랜드 캐니언의 120배인 이 협곡 심해 여행을 해낸 게 캐머런이다. 딥시 챌린저는 발가락에 SUV 차량 3대를 올려놓은 수압을 견뎌 내는 심해 전용 잠수정이다.

| 여행 Tip

보통 북마리아나 제도로 가는 여행 패키지가 많다. 사이판, 티니언, 로타 3개의 섬으로 이뤄진다. 여행객들에게 친숙한 사이판은 남북으로 약 21km, 동서로는 8.8km밖에 되지 않는 좁고 긴 섬이다.

이집트 피라미드, 낙타 타고 높이 140m 피라미드 고대 문명 속으로

'미스터리 라인' 포인트 중에서도 가장 평범하고 익숙하게(?) 느껴질 정도. 그만큼 친숙하다. 사막에 세워져 있는 대형 스핑크스와 피라미드는 지금도 신비로움을 간직한 채 여행자들을 매료시킨다. 과거와 현재가 공존하는 카이로도 명불허전. 파라오의 유적을 만날 수 있는 아스완, 룩소르 등 다양한 도시들도 볼거리다.

가장 많이 찾는 곳은 카이로 주변에 위치한 '기자 피라미드'. 쿠푸 왕의 대피라미드는 기원전 2589년에서 2566년 사이에 세워진 것으로 높이가 140m에 달한다. 기자에서 낙타를 타고 크고 작은 피라미드와 스핑크스를 둘러보는 투어가 하이라이트.

겨울 시즌에는 300개가 넘는 다양한 크루즈가 여행객들을 맞이한다. 다양한 크루즈 코스 가운데 룩소르에서 아스완까지 가는 구간이 대표적. 룩소르는 고대 인류 문명을 보여 주는 다양한 신전으로 유명하다.

여행 Tip

롯데제이티비 등 다양한 여행사들이 이집트 관광 상품을 내놓고 있다. 보통 10일 코스다. 사막 사파리 투어도 꼭 도전해 볼 것. 카이로에서 차로 4~5시간 떨어진

백사막에서는 기묘한 형태의 석회석을 볼 수 있다. 화산에서 분출된 화산재가 쌓이면서 만들어진 흑사막도 놀랍다. 사막에서 하룻밤 캠핑하며 1박 2일을 보낸다.

버뮤다 삼각 지대

듣기만 해도 살벌하다. 오죽하면 '마(魔)의'라는 수식어가 붙을까. 버뮤다 제도를 정점으로 플로리다와 푸에르토리코를 잇는 선을 밑변으로 하는 삼각형 해역을 말한다. 유독 이 해역에서 배나 비행기가 통째로 사라진 일이 잦다. 1609년부터 현재까지 버뮤다 삼각 지대에서 사라진 배만 해도 17척이나 되고, 비행기도 15대나 된다. 공식 통계로 남은 기록이 이 정도니, 실제는 더 많다. 학설도 다양하다. 토네이도처럼 생긴 '공기 터널'이 존재한다는 설과 함께, 최근에는 '메탄가스'가 만들어 낸 거대한 가스 거품에 의해 실종된 배와 항공기가 소실됐다는 주장도 있다.

| 여행 Tip

직접 들어가는 투어는 지양할 것. 위험할 수밖에 없다. 플로리다 인근이나 아래쪽 카리브 해를 여행하는 코스가 일반적이다.

중국 사해(死海) 염수호

이스라엘에만 사해가 있는 게 아니다. 북위 30도 미스터리 라인을 따라 형성된 중국 쓰촨 성 다잉의 중국 사해는 사해의 신비로움을 동양에서 체험할 수 있는 매력 때문에 매년 인산인해를 이룬다. 종류는 2가지. 염분 함량 25%인 일반 사해와 온천 사해다. 이 풍경구는 그 수원이 지하 3,000m라는 것과 형성 시기가 수억 년 전이라는 것 때문에 흥미를 자아내고 있다. 가장 유명한 건 사해 진흙 팩. 일반 물뿐 아니라 진흙에서도 몸이 둥둥 뜨는 체험, 그저 놀라울 뿐이다.

 여행 Tip

여러 여행사에서 쓰촨 성까지 가는 다양한 패키지를 선보이고 있다. 다만 사해를 둘러보는 코스는 드문 편으로 오히려 현지인들에게 인기 있다. 염수호 외에 시닝 시내 서쪽, 해발 3,196m 고산 지대에 있는 칭하이호(靑海湖)도 또 다른 사해를 형성하고 있다.

테마 해외여행 ②
북위 60도 오로라 힐링 투어

우주 극장, 영혼까지 샤워하는 기분

오로라는 로마 신화에 등장하는 새벽의 여신인 '아우로라(Aurora)'에서 비롯된 애칭이다. 오로라가 빈발하는 '오로라 존'은 한정돼 있다. 위도 60~70도 라인이 최고의 오로라를 볼 수 있다는 '골든 존'이다. 북반구에선 캐나다와 미국, 알래스카, 러시아, 북유럽이 포함된다. 남반구에선 남극 대륙이 유일하다.

오로라 정보는 미국해양대기관리처(NOAA) 웹 사이트에서 확인할 수 있다. 이곳에선 매일 오로라가 발생하는 지역과 볼 수 있는 확률을 예상해 공개하고 있다. 오로라 투어의 핵심은 '관측 확률'이다. 갔다고 100% 다 보고 오는 게 아니다. 다음은 관측 확률 90%대의 최고 '오로라 힐링 포인트'들이다.

■ **캐나다**

옐로나이프는 지구 상에서 오로라를 보기 가장 좋은 곳으로 꼽힌다. 캐나다 관광청은 4일 이상 체류한 여행자가 오로라를 볼 확률이 98%에 이른다고 주장한다. 오로라 존에 위치한 데다 맑은 날이 많아서다. 공항 인근이라 접근성도 좋다.

■ **미국 알래스카**

캐나다 서쪽이 알래스카다. 대부분의 지역에서 자유롭게 오로라를 볼 수 있는 오로라 명당이다. 앵커리지 다음으로 큰 도시인 페어뱅크스가 기점. 이곳의 호텔에서 관측 확률을 확인할 수 있는 게 매력이다. 물어보면 오로라 발생 여부를 투숙객에게 실시간으로 알려 준다.

■ **노르웨이**

북극권 최대 도시인 트롬쇠가 오로라의 메카다. 버스를 타고 교외 지역으로 나가는 프로그램부터 작은 요트에서 식사를 즐기는 투어까지 오로라 관측을 위한 다양한 상품이 판매된다.

■ **스웨덴**

트롬쇠에서 멀지 않은 스웨덴 키루나에는 눈을 묘사하는 단어가 500개나 된다. 그만큼 겨울이 길다는 의미다. 호수가 많은 키루나는 특히 이 지역 오로라 관측의 메카로 통한다. 키루나에서 100km 떨어진 아비스코에는 카페와 기념품점이 들어선 오로라 스카이 스테이션(Sky Station)이 있다.

■ 핀란드, 에스토니아

핀란드에서는 스칸디나비아 반도의 북부를 칭하는 라플란드에서 주로 오로라를 감상한다. '산타 마을'로 이름난 로바니에미와 케미가 라플란드에 속한다. 헬싱키에서 배로 1시간 30분 남짓 걸리는 에스토니아는 위도가 낮지만, 가끔 오로라가 출현한다. 단, 가끔이다. 가서 못 봤다고 기자에게 항의 전화는 하지 마시길.

오로라 헌터 권오철이 꼽은 오로라 투어 버킷리스트

'신의 영혼(Spirit of God)' 오로라를 좇는 '오로라 헌터'들은 오로라 투어를 '영혼의 샤워'라 부른다. 그만큼 힐링 효과가 크다는 의미다. 세계적인 오로라 헌터 권오철 사진작가가 으뜸으로 꼽는 오로라 힐링 포인트는 단연 캐나다 옐로나이프(Yellowknife)다. 운만 좋으면 '투뿔(투 플러스)' 수준인 최고 등급 오로라 '서브스톰(substorm)'까지

품을 수 있다. 극지방에서만 볼 수 있는 최고의 우주쇼가 만들어 내는 극강의 멘탈 힐링이다.

■ '오로라 존'의 으뜸 옐로나이프

오로라는 태양에서 나온 전기 입자가 지구 자기장과 결합하면서 만들어진다. 녹색뿐 아니라 붉은빛, 심지어 보랏빛을 띠기도 한다. 형태는 형언할 수 없다. 그만큼 변화무쌍하다. 당연히 귀하다. 아무 곳에서나 볼 수 있는 게 아니다. 오로라가 빈발하는 지역, 그게 '오로라 존'이다. 자기장을 둘러싸고 있는 위도 60~70도 지역에 분포한다. 오로라 헌터들의 사냥지인 셈이다.

헌터들이 최고로 꼽는 사냥지(?)는 캐나다 노스웨스트 준주(Northwest Territories)의 옐로나이프다. 캐나다 북위 62.5도에 위치한 옐로나이프는 NASA가 인정할 정도. 코앞, 머리 바로 위에서 오로라가 펼쳐지고 광활한 평지에서 넓은 시야각을 확보할 수 있는 게 매력이다.

이쯤에서 오로라 상식 한 가지. 오로라의 계절적 포인트가 겨울이라고 알고 있는데, 사실 여름도 포인트가 된다는 것. 여름 포인트는 8월 중순부터 10월 초까지다. 이 시기 더 좋은 이유. 두꺼운 방한복 없이 쾌적한 날씨에서 오로라를 관측할 수 있다는 거다.

■ **옐로나이프의 메카 '오로라 빌리지'**

옐로나이프엔 오로라 관측 사이트만 여러 곳이다. 그중에서도 메카는 오로라 빌리지다. 야간에 오로라를 편히 감상하며 힐링할 수 있도록 캐나다 전통 천막 티피(teepee)를 제공해 준다. 압권은 수프와 현지식 빵. 출출함을 달래다 보면 어느새 장관이 머리 위에서 펼쳐진다.

오로라에는 정도를 객관적으로 표시하는 등급이 있다. 미국해양대기관리처에서는 인공위성에서 관측한 오로라 오발(aurora oval)의 활동 수준(activity level)을 파악해 1~10단계로 표시한다. 오로라 빌리지 역시 자체 기준으로 레벨 1~5까지 표기하고 있다.

낮 시간대는 다양한 액티비티를 즐기면 된다. 강추 코스는 옐로나이프 시내 관광. 다운타운에서부터 옐로나이프의 발상지, 올드타운을 거쳐 노스웨스트 준주 주의사당, 프린스 오브 웨일스 박물관, 옐로

나이프를 내려다볼 수 있는 '파일럿 모뉴먼트(Pilot's Monument)'를 찍는다.

캐머런 폴 하이킹도 압권. 옐로나이프의 '나이아가라'로 불리는 명불허전 '캐머런 폭포' 주변을 폭포수를 맞으며 걷는 익사이팅 하이킹이다. 특히 가을에는 온통 노란빛으로 물든 고속 도로를 1시간 이상 질주한 뒤 노란 풍경의 속살을 구석구석 둘러볼 수 있다.

테마 해외여행 ③

숫자의 비밀, 숫자 따라 가는 월드 투어

숫자 11의 도시 졸로투른을 아세요

낚였다. 뜬금없이. 그것도 숫자 11에. 베른 한복판 레스토랑에서 브런치를 주문한 게 그러니까 오전 11시 11분. 별안간 '11의 도시' 졸로투른(Solothurn)이 떠오른 거다. 즉시 'SBB(스위스 국철)'라는 앱(애플리케이션) 가동. 도착지에 '졸로투른'을 넣으니 기차(S-Bahn)로 딱 40분 거리였다.

"에라, 가자." 그렇게 뜬금없이 도착한 졸로투른. 첫인상은 생경 그 자체였다. '쌩얼' 여인을 아침 이부자리에서 본 묘한 느낌이랄까. 사실 스위스 하면 목가적인 풍경이다. 워낭 소리 연신 댕댕 울려야 하고, 산 중턱마다 목가적인 분위기의 초록빛으로 반짝여야 한다. 한데 졸로투른은 달랐다. 수도 바젤의 옛 도시 아래 강 인근. 강을 따라 바로크 양식의 오랜 중세 도시가 펼쳐진다. 한국인들에겐 익숙지 않지만 스위스 현지인들에겐 '한옥 마을' 같은 곳이 여기다. 오죽하면 가장 가고 싶은 도시 1순위에 올려놓을까.

졸로투른이 신비한 건 '숫자 11'과 얽힌 묘한 이야기 때문이다. 이곳 주민들에게 "일레븐(11), 일레븐(11)?" 하고 질문을 툭 던지면 그때부터 술술술이다. 프랑스 출신이면서 10년째 이곳에 살고 있다는 프랑수아 씨. 웃음을 띠며 찬찬히 설명을 이어 갔다.

"중세 시대 이곳엔 지역 보좌 판사가 묘하게 11명이 있었거든. 1481년에는 11번째로 스위스 연방 중 한 주가 되었고…."

오호, 흥미롭다. 주로 승격하기 전에도 11개의 대법관 재판소와 11개의 동업 조합이 있었다고 한다. 그저 놀라울 뿐이다. 그리고 이어지는 놀라운 설명. 지금도 주교와 성당의 참사원 수는 11명이라는 것. 더 놀라운 건 그다음이다. 탑, 분수, 교회, 돌계단, 심지어 교회 안 종의 숫자까지 모조리 11개라는 거다. 어라, 그러고 보니 베른 시내의 분수 수도 11개였던 것 같다.

그러니 이곳 주민들에게 11은 특별한 의미다. 누구나 행운의 숫자로 알고 있는 러키세븐은 이곳엔 없다. 러키일레븐만 있는 셈이다.

전경 포인트 상트 우르센 대성당으로 향했다. 스위스의 바로크 건축물 중 가장 으뜸으로 꼽힌다는 상징적인 건축물. 이게 지어진 것은 17세기 말이란다. 뒷마당으로 가니 첨탑으로 향하는 문이 보였다. 억! 한데, 입장료가 3프랑이다. 3프랑에 '중세의 전경'을 포기할 순 없다. 좁은 통로로 60m 높이라는 첨탑까지 올라가는 데 걸린 시간이 대략 10분. 숨이 턱까지 차오를 때쯤이면 거기가 꼭대기다. 그리고 시간이 뭉텅 잘려 과거로 돌아간, 중세의 풍경이라니.

중심가로 나왔다. 서울 역 앞 시계탑을 빼닮은 졸로투른 시계탑. 제작 연도가 12세기이니 이 도시에서도 가장 오래된 건축물로 통한다. 1583년 시계 장치 밑에 만들어졌다는 도시의 수호성인 우르스(Urs)와 빅토르(Viktor)가 눈에 띌 뿐, 별다른 감흥은 없다.

오히려 담담한 분위기의 시립 미술관이 포인트다. 유독 명화가 많다. 우연히 눈에 띈 구스타프 클림트의 1902년 작 '황금 물고기'. 이 그림 발칙하다. 나신의 한 여인. 붉은 머릿결을 흔들며 커다란 엉덩이를 들이민 채 능글능글 기자를 쳐다보고 웃고 있다. 유혹일까. 그러고 보니 영락없이 11의 신비를 품은 채, 오라고 도발하는 도시, 졸로투른을 빼닮았다.

> 여행 Tip

- **찾아가려면**
스위스에서 가장 아름다운 17세기 바로크 도시가 졸로투른이다. 베른에서 기차(S-Bahn)로 40분 거리다. 도심을 돌며 11과 얽힌 상징물들을 세어 보는 게 또 다른 여행의 재미다.

- **졸로투른에서 융프라우 가기**
인터라켄을 거쳐 기차로 가는 게 한국인들의 여행 코스다. 스위스 현지인들은 다르다. 졸로투른에서 인터라켄 유람선을 타고 가는 환상적인 투어를 권한다.

그냥 세운 건물이 아닙니다

숫자와 여행? 전혀 관련이 없을 것 같다. 한데 아니다. 여행 포인트엔 의외로 숫자의 비밀이 숨어 있는 곳이 많다. 이번에는 죽기 전에 꼭 가 봐야 할 '숫자의 비밀'이 숨은 관광 포인트다. 꼭 한번 가 보시라.

■ 55층 허공 수영장, 마리나베이샌즈

숫자 5, 손가락 5개처럼 완성의 의미다. 방위에선 동서남북에 중앙까지 포함해 '오방'이라고 한다. 한의학에선 오장, 농업에선 오곡이 있다. 묘하게 싱가포르의 상징 마리나베이샌즈의 전망대 높이가 55층이다. 3개의 건물 55층 전망대 위에 배 한 척이 걸려 샌즈를 완성한다.

명불허전 허공 수영장은 호텔 꼭대기 층인 55층에 둥지를 틀고 있다. 이곳 최고 명물인 수영장 길이는 무려 198m. 대한민국 올림픽 수영 경기장의 3배 규모다. 높이는 프랑스 에펠 탑을 앞지른다. 세계에서 가장 높은 수영장으로 꼽힌다.

샌즈는 쌍용건설의 작품이다. 3개의 건물이 거대한 배 모양의 '스카이 파크'를 떠받치고 있다. 이 각도가 예술이다. 지면에서 기울어진 각도가 '최고 52'. 그래서 붙은 애칭이 현대판 피사의 사탑이다.

| 여행 Tip

호텔은 지하 3층, 지상 55층 3개 동, 총 2,561개의 룸을 보유하고 있다. 스카이 파크엔 수영장 3개와 전망대, 정원, 산책로, 레스토랑 등이 조성돼 있다.

■ **77층 전망대 스카이 포인트**

두말 필요 없는 행운의 숫자 7. 두 개가 겹쳤으니, 행운도 '더블'이다. 77층 전망대로 유명한 골드 코스트 최고의 조망 명소 '스카이 포인트'. 명불허전이다.

1년 중 햇빛을 볼 수 있는 날이 총 300일이나 되는 데다 해안선 길이만 43km에 달하는 호주 버킷리스트 으뜸인 골드 코스트엔 무려 35개의 비치가 있다. 이 중 '빅 3'는 메인 비치, 서퍼스 파라다이스, 브로드 비치. 특히 관광 명소인 서퍼스 파라다이스 최고의 명물이 스카이포인트 건물이다. 호주 최고, 남태평양 두 번째 높이인 270m 상공이 전망대가 있는 77층이다.

이 빌딩 명물은 단연 엘리베이터다. 1층부터 77층 전망대까지 소요 시간은 단 43초. 천장엔 모니터가 달려 전망대 위로 끌어올리는 엘리베이터 로프의 위용을 살벌하게(?) 관람까지 할 수 있다. 헬기 투어를 하는 헬기가 가끔 눈앞에 아른거릴 수 있으니 놀라지 마실 것.

| 여행 Tip

230m 높이인 77층에서 밖으로 나가 270m 높이까지 걸어 올라가 탁 트인 골드 코스트의 경관을 보는 아찔한 등반 체험 액티비티도 있다. 전망대 운영 시간은 오전 7시 30분부터 저녁 8시 30분까지.

■ 88층 중국 진마오타워

중국에서 최고로 치는 숫자는 8이다. 돈을 불러오는 의미를 담고 있어서다. 당연히 이 숫자가 겹치면 대박이 증폭된다고 믿는다. 웬만한 특급 호텔의 최초 고정 비밀번호가 '8888'이 많은 것도 이런 이유에서다. 심지어 휴대폰 끝 번호 8888은 1억 원이 넘는 돈에 팔린다.

상하이 푸둥지구의 '머스트 시(must see)' 포인트인 진마오타워. 높이가 무려 421m에 달하는 이 건물은 88층이다. 행운이 몰려온다며 관광객들이 몰릴 수밖에 없다. 투입된 비용만 총 5억 달러, 우리 돈 7,000억 원대다. 건물 모양도 특이하다. 인간이 팔을 뻗어 몸을 안정시키기 위해 양손 깍지를 낀 특이한 형태다. 잊을 뻔했다. 이 건물 이름인 진마오는 중국어로 '많은 돈'이라는 뜻이다.

| 여행 Tip

8과 얽힌 이 빌딩의 태생 스토리를 찾아보는 재미가 있다. 층수만 88이 아니다. 높이와 너비의 비율은 팔 대 일, 전단벽 코어(core) 역시 8면체, 외곽 복합 기둥 숫자도 놀랍게 8개. 여기서 끝이 아니다. 쐐기를 박는 완공일. 1998년 8월 8일이다.

02

여행 고수도 모르는
출국 노하우

이런 분들 많다. 항공권 끊고 국제공항에만 가면 비행기 그냥 탈 수 있다고 생각하시는 분들. 지금부터 생각 달리하시라. 인천공항, 실로 전쟁터다. 1분이라도 빨리 가기 위해, 살벌한 줄 서기 전쟁을 거쳐야 하고, 피 튀기는 짐 부치기 과정을 거쳐야 한다. 솔직히 본 기자, 성질 급하다. 기다리는 거라면 미치고 팔딱 뛸 정도다. 전 세계 30개국 이상을 일사천리로 돌며, 몸소 터득한 초스피드 출국 생존기다. 해외여행 총알 짐 싸기 노하우에서 수하물 부치기, 사라진 수하물 찾기(수없이 잃어버렸다. 솔직히 여행전문기자가 아니라, 사라진 수하물 찾는 전문기자다) 등 다양한 노하우를 이 장에 담아 놓았다. 아, 겨울철에 요긴하게 써먹을 수 있는 '두꺼운 외투 처리 팁'. 이것도 꼭 알아 두시라. 알수록 편해지는 게 여행이다.

해외여행 짐 싸는 노하우

누구나 가볍게 생각하는 해외여행 짐 싸기. 절대 우습게 보면 안 된다. 나름 노하우가 있다. 이참에 꼭 정리하고 가자.

무거운 건 아래쪽, 가벼운 건 위쪽

여행 가방 꾸리기 제1 원칙, 좁은 공간 활용이다. 당연히 가방에 넣을 아이템의 크기, 형태, 무게를 고려해 유기적으로 배치해야 한다. 요령은 간단하다. 무거운 건 아래쪽, 가벼운 건 위쪽이다. 신발, 청바지처럼 딱딱하고 무거운 것들은 가방 아래쪽, 나머지 가벼운 것은 위쪽에 놓으면 된다. 또 있다. 딱딱한 것은 바깥쪽, 부드럽거나 깨지기 쉬운 것은 안쪽에 넣는 것도 상식 중의 상식이다.

옷가지 개는 방법도 있다. 평소처럼 접는 건 잊어 주시라. 돌돌 마는 게 노하우다. 바지건, 티셔츠건 돌돌 말아 넣으시라. 잘 구겨지는 소재의 셔츠나 리넨 바지는 두꺼운 종이를 대고, 편편하게 주름을 펴 놓은 상태로 접어 넣으면 된다. 양말도 그냥 구겨서 던져 넣지 마시라. 부피를 많이 차지하는 운동화 등 신발 안에 이중으로 넣어 두는 게 팁이다. 신발도 찌그러지지 않고, 짐의 양도 줄이는 이중 효과를 볼 수 있다.

아이템별로 주머니에 담아라

아이템별로 주머니에 따로 담아 가는 것도 강추다. 현장에서도, 방에서도 정리가 두 배로 쉽다.

화장품을 통째 가져가는 건 미련한 짓이다. 샘플이나 미니 사이즈가 필수. 화장품류는 한 주머니에 담아 옷과 소품을 넣고 남는 좁은 틈에 채워 넣는다. 비상약, 액세서리 등 잃어버리기 쉬운 것들은 지퍼 팩이나 주머니 등에 담아 따로 보관한다. 선글라스나 휴대용 스피커 등 깨지기 쉬운 것들은 옷이나 수건에 잘 말아서 넣으면 된다. 수영복 등 해변가에서 활용할 아이템도 따로 돌돌 말아 보관하시라. 클렌징 크림, 클렌징폼, 샴푸 등 욕실에서 사용하는 물건들, 물기가 문제다.

이런 건 따로 모아 물기가 닿아도 괜찮은 비닐 팩에 담는다.

아차 하면 빠뜨리는 필수품

꼭 빠뜨리는 게 있다. 아차 하는 필수품, 의외로 많다. 대표적인 게 껌이다. 해외에 가면 오랜 시간 자동차로 이동하거나 비행을 하는 게 대부분이다. 입이 텁텁해도 양치가 어렵다. 껌 하나, 이럴 때 요긴하다. 휴대용 우산도 꼭 챙기는 게 좋다. 더운 지역이라면 자외선 차단제와 함께 모기약을 꼭 챙겨 가야 한다. 기자 역시 뉴칼레도니아에서 팅팅 부은 다리통을 보며 모기약의 필요성을 절감한 적이 있다.

외출 시간이 늘어나니 분비된 피지를 깔끔하게 잡아 주는 기름종이도 센스 품목. 하루 종일 돌아다녀 지치고 부은 발을 위한 부기 제거용 풋미스트(발에 뿌리는 화장품)도 있으면 든든하다. 응급 상황을 대비해 비상약과 가벼운 상처가 났을 때 쓸 수 있는 연고뿐 아니라 상처에 붙이는 밴드, 찜질팩도 여유가 있다면 챙겨 두는 게 낫다. 잊을 뻔했다. 5일 이상 걸리는 해외여행이라면 손톱깎이도 꼭 챙겨야 한다. 이거 없는 호텔, 상당히 많다.

짐 쌀 때 도움 주는 사이트도 있다. 원백닷컴(www.onebag.com) 아주 유용하다. 짐 싸기의 최고봉이나 다름없는 사이트다. 아쉬운 것은 영어라는 것. 하지만 그림 위주라 그리 어려운 것도 아니다.

이 사이트 운영자인 더그 다이먼트 씨(캐나다)의 지론은 간단하다. '여행은 가방이 가벼울수록 즐거워진다'는 것.

사이트는 크게 네 가지 메뉴로 나뉜다. 무엇을 담을까(What To Pack), 어떤 가방에 담을까(What To Pack It In), 짐 싸는 노하우(How To Pack It), 짐 꾸리기 목록(Packing List) 등이다.

'무엇을 담을까' 메뉴의 '짐 목록 이용하기(Using A Packing List)'는 여행이 잦은 비즈니스맨에게 딱이다. 여행 필수품은 항상 일정하다. 한 번만 리스트를 작성해 두면 두고두고 써먹을 수 있다. '옷가지와 빨래(Clothes & Laundry)' 코너는 옷을 줄이는 노하우와 빨래에 대한 방법을 소개한다.

'어떤 가방에 담을까' 메뉴도 꼭 체크해 봐야 한다. 여행 가방의 품질, 이동 편의성, 항공 수하물 무게, 크기 제한 등에 따른 가방 선택법을 제대로 배울 수 있다. 직물, 플라스틱, 금속 등 가방 재질에 따른 장단점도 꼭 알아 두자. 지퍼식 가방의 형태에 따른 장단점도 짚고 넘어가자.

'짐 싸는 노하우' 메뉴엔 '유용한 짐 싸기 팁(Useful Packing Tips)'이 눈길을 끈다. 여분의 신발을 쌀 수 있는 세 종류의 신발주머니와 여권 지갑 등을 한 번에 넣을 수 있는 다용도 주머니(파우치)에 대한 정보도 있다. 글이 싫다면 '동영상'을 통해 정보를 접하면 된다.

손잡이가 내장된 바퀴 달린 가방은 특히 짐이 될 수 있다. 계단, 비탈 등 여행지의 지형 특성을 고려해야 하는 건 필수. 가방 자체의 무게 때문에 실제 필요한 물건 숫자가 줄 수 있으니 주의해야 한다.

옷의 주름을 최소화하는 법과 셔츠와 바지 개는 법도 그림을 통해 꼼꼼하게 배워 둘 수 있다. 핵심은 '가볍게'다. '줄이는 게(not travel small)' 아니다. 이제 여행, 가볍게 떠나자.

항공기 내 수하물 부치는 비법

해외여행 때 꼭 알아 둬야 할 팁이 수하물과 관련된 규정들이다.

우선 알짜 정보 한 가지. 비즈니스나 퍼스트 승객처럼 '우선(priority)' 태그가 없는 일반실 승객일 경우 내가 부친 수하물, 빨리 받는 요령이 있다. 물론 알고 보면 별게 아니다. 그냥 가장 늦게 부치면 된다. 일반적으로 수하물은 '선입후출'이다. 먼저 부치면 컨베이어를 통해 기내 화물칸 안쪽으로 먼저 들어간다. 당연히 나올 때는 가장 늦게 나온다. 그러니 늦게 부치면 가장 빨리 나온다.

그렇다면 수하물을 찾으려는데 짐이 분실된 황당한 경우라면 어떨까. 이런 말도 안 되는 상황, 의외로 많다. 일단 공항 짐 찾는 곳에서 자신의 짐이 30분 이상 나오지 않는다면 일단 분실을 의심해야 한다.

분실이 의심된다면 곧바로 배기지 클레임 옆 수하물 접수 센터를 찾아야 한다.

기본은 이렇다. 본인이 타고 온 항공사에 보상 신청을 해야 한다. 국제항공운송협회 약관에 따라 보상을 하는데, 이게 짜증이다. 이 약관에 따르면 항공 수하물은 종류 불문 1kg당 미화 20달러를 배상 책임 한도로 정하고 있다는 거다. 쉽게 말해 1인당 허용 수하물이 30kg일 경우 600달러(약 66만 원)가 최대 보상 금액이 되는 꼴이다.

비행기를 여러 번 갈아탔다면 어떨까. 그렇다면 마지막 항공사가 책임을 진다는 것, 꼭 기억해 둬야 한다.

수하물 분실로 인해 어쩔 수 없이 현지에서 옷가지와 생필품을 샀다면 어떨까. 그 비용 역시 고스란히 항공사 몫이다. 1인 1회 기준으로 타이항공과 아시아나항공은 최대 100달러까지, 대한항공은 50달러까지 보상해 준다. 실제로 분실의 물리적 기준은 3주간이다. 3주 지나도 수하물이 발견되지 않는다면 분실로 간주된다.

절대 보상받을 수 없는 물품 리스트도 알아 둬야 한다. 이 목록, 보상받을 수 없으니 수하물로 부치면 절대 안 된다. 무조건 가지고 타시라. 깨지거나 부패하기 쉬운 물품, 하드 케이스에 넣지 않은 악기류, 건강과 관련된 의약품, 고가의 개인 전자 제품과 데이터, 보석이나 논

문처럼 가치를 따지기 어려운 귀중한 물건 등이다. 노트북과 밍크코트, 카메라, 당연히 보상 불가 품목이다. 직접 들고 타시라.

만약, 인천공항에서 출국 전에 물건이 없어졌다면? 정신없이 출국 수속을 밟다 보면 가끔 이런 일을 당한다. 이때는 분실한 위치를 제대로 파악하는 게 중요하다. 주차장이냐, 면세점이냐, 탑승 게이트냐에 따라 관할 기관이 달라져서다.

여객 터미널이나 탑승 동, 교통 센터 공용 지역, 주차장이라면 인천국제공항 공항 경찰대가 관리하는 유실물 관리소에 문의하면 된다. 장소가 면세점, 탑승 게이트, 입국장이라면 다르다. 이곳에서 분실한 물건이라면 인천공항 세관에서 찾아야 한다.

황금연휴 때는 수하물 부치는 것도 보통 일이 아니다. 줄 대기 시간만 1시간이 넘을 때도 있다. 특히 유아가 함께 간다면 이건 장난이 아니다. 이럴 땐 항공사마다 빨리 갈 수 있는 '패스트 트랙(fast track)' 서비스를 두고 있다는 걸 알아 두면 도움이 된다. 아시아나항공의 '해피맘' 서비스 같은 거다. 만 36개월까지 유아라면 줄 서지 않고 바로 티케팅, 수하물을 부칠 수 있다. 괜히 아이 안고 힘들게 줄 서 계시지 마시라. 알아야 쉽게 가는 게 또 여행이다.

가볍고 빠르게 출국하는 노하우

'지피지기면 백전불패'. 전쟁만 그런 게 아니다. 여행도 그렇다. 공항을 제대로 알면 출입국 수속 시간을 확 줄일 수 있다.

대표적인 경우가 다시 줄 서기다. 비행기 출발 시각이 얼마 남지 않았는데, 의외의 물건이 보안 검색장에서 기내 반입 금지 물품으로 분류되는 황당한 경우가 있다. 보통은 항공사 카운터로 돌아간 뒤 해당 물건을 위탁 수하물로 부치고 입국 심사를 위해 다시 줄을 서야 한다. 이때 긴요한 게 김포 국제공항의 QSS(Quick Smart Service) 제도다. 보안 검색대 직원이 주는 번호표를 받은 뒤 위탁 수하물을 처리하고, 직원 전용 통로에 번호표를 보이면 바로 검색대로 재입장할 수 있다.

비행기를 교통 카드로 찍듯 탑승하는 '모바일 탑승 서비스'도 있다.

국내선의 경우 항공사 홈페이지나 스마트폰 애플리케이션을 사용해 항공권을 예약, 발권한 뒤 스마트폰으로 탑승권을 전송받는 서비스다. 이러면 별도의 카운터 수속 없이 바로 출발 게이트로 입장할 수 있다. 대기 시간 포함 평균 20분이 소요되는 탑승 수속을 최대 30초까지 단축할 수 있다. 모바일 탑승 서비스는 대한항공, 아시아나항공, 에어부산, 이스타항공 등 4개 항공사가 선을 보이고 있다.

임신부, 장애인이라면 아예 줄을 서지 않아도 된다. 김포 국제공항엔 교통 약자를 위한 보안 검색대가 따로 있다.

신분증을 깜빡하는 건망증족들은 '무인민원발급 서비스'를 활용하면 된다. 일평균 100명 정도가 무인민원발급기를 이용해 신분 관련 증명서를 발급받고 있다. 주민등록등본 외에도 10종의 증명서를 발급받을 수 있다.

혹시 자전거 같은 것도 화물로 부칠 수 있냐고? 물론 가능하다. 공항의 수화물 보관소 포장 대행 서비스를 써먹으면 된다. 자전거, 액자처럼 포장이 까다로운 물건은 수화물 보관소에서 '포장 대행 서비스'

로 깔끔하게 포장한 뒤 나르면 된다. 단, 유료다.

웹 체크인 서비스도 있다. 대한항공과 아시아나항공 등 국적 항공사는 인터넷 홈페이지에서 국제선 여객기 탑승 수속을 할 수 있는 '웹 체크인' 시스템을 운용하고 있다. 편하게 집에서 인터넷으로 좌석을 선택하고 탑승권 교환증을 출력한 뒤 공항에 가서 항공사별 '웹 체크인 전용 카운터'를 찾으면 된다.

인천공항 여객 터미널에 50대가 넘게 설치돼 있는 셀프 체크인용 키오스크(무인 기기)를 이용하는 것도 수속 시간을 대폭 줄이는 요령이다. 키오스크를 이용하면 체크인을 완료하고 원하는 좌석을 스스로 배정하는 데 2분 40초 정도밖에 걸리지 않는다.

여권 검사 시간을 효과적으로 줄이는 방법도 꼭 알아 둬야 할 '비법'이다. 다름 아닌 법무부 인천공항 출입국관리사무소의 '자동 출입국 심사'다. 인천공항 3층에 있는 등록 센터에서 사전에 딱 한 번만 등록해 두면 된다. 이 서비스를 이용하면 줄을 서지 않고 자동으로 여권 인증을 받을 수 있다. 여권 인증 뒤에 무인 체크기를 통해 지문 인증만 받으면 되므로 길어야 15초면 여권 검사가 끝난다. 나 홀로 특권을 누리는 듯한 우쭐한 기분은 덤이다.

인천공항 200% 활용법

해외여행의 베이스캠프, 결국 '인천 국제공항'이다. 고산에선 '생존 캠프'라 불리는 이 베이스캠프를 멋모르고 그냥 지나치는 경우가 많다. 오늘 그래서 짚고 가자. 이름하여 '인천 국제공항 200% 활용법'이다.

가장 먼저 땀 많은 기자가 가장 좋아하는 아지트. 공짜 샤워실이다. 이거, 존재조차 모르는 분들 많다. 물론 유료 샤워실은 있다. 인천공항 동편 지하 1층의 스파온에어다. 흠은 비싸다는 거. 무슨 워터파크도 아니고, 낮 시간대 1만 5,000원, 야간은 2만 원씩 받는다.

그렇다면 공짜 샤워실의 위치는? 지금부터 눈 크게 뜨고 보시라. 일단, 출국 심사 끝내고 인천공항 면세 구역 안으로 들어가야 한다. 찾아갈 곳은 허브라운지. 마사지숍과 네일아트숍을 지나면 대문에

'Shower'라 적힌 곳을 볼 수 있다. 바로 거기다. 오픈은 오전 7시, 클로징 시간은 오후 10시다.

그다음 기자의 또 다른 아지트 한 곳. 24시간 식당이다. 사실, 별건 아니다. 패스트푸드점인 맥도날드. '에이~' 하시는 분들, 편의점보다는 낫다는 걸 명심하시길. 포인트는 인천공항 1층이다. 이게 공항 내 유일하게 24시간 이용할 수 있는 식당이라는 것, 여행 고수들에겐 상식이다.

전망 좋은 곳도 알아 두는 게 좋다. 시간이 많이 남았다면 이곳, 킬링 타임용으로 그만이다. 가장 전망이 좋은 곳은 인천공항 4층의 '할리데이스위트'와 '베니건스'다.
이런 곳을 추천하느냐고? 아니다. 가 보면 안다. 여행 고수들도 가장 전망 좋은 곳으로 열이면, 팔, 구는 이곳을 꼽는다. 전망대를 두 레스토랑이 각각 반씩 차지하고 있는 것도 매력적이다. 게다가 가장 마음에 드는 건, 테이블 간격이 넓다는 것. 샌드위치 하나, 파란 하늘만 봐도, 세상을 다 가진 듯한 기분을 잠깐이나마 낼 수 있다.

또 알아 둬야 할 곳. 배터리 조급증에 빠진 여행족을 위한 곳이다. 바로, 스마트폰이나 태블릿 PC를 충전할 수 있는 포인트. 일단 공용 콘센트가 있다. 기자가 애용하는 곳은 면세 구역 출국장 주변. 비행기 타기 직전, 대기하는 의자 근처에 보면 공용 콘센트가 있다. 당연히 점유를 위한 경쟁률이 높을 수밖에 없을 터. 당당하게 돈(?) 내고 이용할 수 있는 곳도 있다. 공항 지하 1층 '투썸플레이스' 카페다. 공항 카페 중 유일하게 자리 아래쪽에 콘센트가 있다.

면세 지역 4층 탑승 동, 뉴스 앤드 무비 룸도 꼭 한번 가 볼 것. 수면 의자에 편히 앉아 뉴스를 보거나 영화를 시청할 수 있는 멋진 곳이다. 알고 보면 꽤나 멋진 베이스캠프, 그곳이 인천공항이다.

공항서 조금만 떨어져도 주차 요금 절반으로 '뚝'

휴가철 외국 여행에 꼭 필요한 노하우 한 가지. 바로 인천 국제공항 주차 요령이다. 생각 이상으로 만만치 않다. 장소에 따라 비용이 100% 이상 차이가 나기 때문이다.

우선 공항 터미널 바로 주변. 가까운 만큼 비싼 게 흠이다. 엘리베이터를 통해 바로 공항에 닿을 수 있는 단기 주차장은 하루 1만 2,000원. 셔틀을 타야 하는 장기 주차장은 8,000원이다.

시간이 없다면 3층 출국 층에서 바로 '주차 대행(발레파킹)' 서비스를 활용하는 게 최선이다. 대행료는 1만 3,000원 선. 물론 주차 요금(장기 주차와 동일)은 따로 내야 한다.

값이 부담된다면 아예 공항 주변 주차장을 이용하는 게 현명하다. 대부분 공항 주차장에 비해 절반 값이다. 방법도 쉽다. 공항철도 역까지 온 뒤 역 주차장에 맡기면 끝. 그다음 공항철도를 이용해 인천 국제공항으로 가면 된다. 공항철도 열차는 12분 간격이다. 이게 쏠쏠하다. 몸은 좀 불편해도 주머니는 즐겁다. 영종대교 전 육지에 주차를 하면 7,000원이 넘는 고속 도로 통행 요금도 절약할 수 있다. 물론 공항철도 운임(김포공항~인천공항 3,400원)을 내야 하지만 그 역시 통행 요금(7,500원) 절반 수준이다. 인천 북부 지역에서 출발한다면 계양역과 검암역 주차장이 편하다. 두 역 모두 1시간에 1,200원, 하루 5,000원. 공항까지 가는 철도 운임을 감안해도 비용을 꽤 줄일 수 있다. 영종도로 진입했다면 공항 신도시 운서역이 제격. 하루 주차 요금이 4,000원이다. 서울 시내 1시간 요금에 불과한 수준. 운서역에서 인천국제공항역까지 철도 운임도 1,000원이니 부담도 없다.

'처치 곤란' 외투 처리 팁

겨울 해외여행엔 '공공의 적'이 있다. 특히나 따뜻한 나라로 떠날 때 짐이 되는 게 두꺼운 외투다. 이거, 꽤나 골칫거리다. 가뜩이나 캐리어는 가득 차 있는데, 부피만 해도 초대형이니, 정말이지 처치 곤란이다.

이런 고민 한 방에 해결할 수 있는 간단한 서비스가 있다. 항공사들이 겨울마다 실시하는 '코트 룸 서비스'다. 공공의 적 겨울 외투를, 인천공항에, 그것도 무료로 보관해 주는 깜찍한 방식이니 꼭 알아 두시라.

대한항공, 아시아나항공 모두 겨울이면 서비스를 하니, 입맛대로 고르시면 된다. 일반적으로 시행 시기는 11월부터. 겨울 시즌 내내 이 서비스를 이용할 수 있다. 대상에도 특별한 제한이 없다. 국제선을 이용하는 승객이면 누구나 활용하면 된다.

물론 보관 장소는 다르다. 대한항공 이용객은 보통 인천공항 3층 A 지역에 위치한 한진택배 카운터에 맡기도록 정해져 있다. 특히나 대한항공은 최대 3,000벌의 외투를 보관할 수 있는 대형 공간까지 마련하고 있으니, 두꺼운 오리털 파카라도 괜찮다. 아시아나항공 이용객은 인천공항 여객 터미널 서편 지하 1층의 '클린업에어(Clean Up Air)'라는 곳이 보관소다.

이용 시간도 정해져 있다. 보통은 오전 4시 30분부터 오후 9시까지다. 당연히 시한과 맡길 수 있는 수량은 한정돼 있다. 두 항공사 모두 1인당 한 벌까지가 대상이다. 최대 무료 기간은 5일까지. 보관 기간을 초과하면 추가금만 물면 된다. 대한항공은 하루 2,500원씩 추가 비용이 든다. 아시아나항공은 돈을 안 내고 마일리지 공제 방식을 이용하면 편리하다. 추가 하루당 100마일리지만 공제하면 된다.

무거운 짐도 공공의 적 중 하나다. 이건, 공항까지 운반하는 것부터가 고역이다. 당연히, 대신 운반해 주는 서비스, 있다.

인천공항 여객 청사에서 서울 및 수도권 지역으로 당일 배송해 주는 공항 택배가 대표적이다. 무거운 짐을 해외로 날라야 하는 거라면, 미리 그 짐을 공항까지 배달해 주고, 출국 당일 택배 카운터에서 찾아

가도록 해 주는 서비스도 있으니 알아 두실 것.

  반대로 해외에서 너무 많은 짐을 들여왔다면 '파발마 공항 당일 택배 서비스'를 이용하면 된다. 당일 배달이 원칙. 오전과 오후 접수분으로 구분해 오전 접수분은 오후 2시 이후 배송 출발하고, 오후분은 오후 4시 30분 이후부터 배송을 시작한다.

여행 고수도 모르는
출국 노하우

'애물단지' 외국 동전 공항버스 탈 때 써 볼만

장롱 속에 꼭꼭 숨겨져 있는 '애물단지' 외국 동전 규모는 얼마나 될까. 놀라지 말자. 한 해 동안 모아진 것만 자그마치 700억 원대다. 해외여행을 끝낸 뒤 가장 처치 곤란한 것 중 하나인 외국 동전. 요리 보고 조리 봐도 짜증만 난다. 쓸데도 없다. 환전도 불가능하다. 앞으로는 이 동전들, 잘 모아 두시라. 여행 고수들조차 모르는 상식 중 하나가 이 동전으로 공항 리무진 버스를 탈 수 있다는 것이다.

환전 사업 전문 기업 플래닛코인이 인천에어네트워크와 계약을 맺고 선보인 '외국 화폐(동전 포함) 승차권 구매 서비스'가 그것이다.

이 서비스를 이용할 수 있는 장소는 인천공항 입국장 7번 출구 쪽 옥외 공항 리무진 매표소다. 현재 사용 가능한 동전은 달러화, 엔화, 유로화, 위안화 등이다. 전혀 쓸모없는 불용(不用) 동전도 없애고, 공항버스도 이용할 수 있으니 일석이조다.

플래닛코인 측은 이 서비스를 곧 옥외 리무진 전 매표소로 확대하고 이용 동전의 범위도 대폭 늘린다는 계획이다.

공항버스를 싸게 이용할 수 있는 또 다른 방법도 있다. 택시와 공항버스를 갈아타는 것이다. 물론, 교통 카드를 이용해야 한다. 이른바 공항버스-택시 환승 할인 서비스다. 이 서비스, 의외로 모르는 여행객들이 많다.

예컨대 서울에서 인천공항으로 간다고 가정해 보자. 먼저 택시를 탄 뒤 공항버스로 갈아타면 된다. 단 반드시 1시간 이내에 환승이 이뤄져야 한다. 인천공항에서 서울로 올 때는 공항버스를 탄 후 3시간 이내에 택시를 이용하면 환승 할인을 받을 수 있다. 일반형 공항버스는 1,000원, 고급형 공항버스는 2,000원 할인된다.

후불 교통 카드는 월말 결제 때 할인된 요금이 청구되고, 선불 교통 카드(T-money)는 정상 요금이 차감된 후 할인 금액이 마일리지로 적립돼 나중에 사용할 수 있다.

테마 해외여행 ④
유럽 지붕 투어

알프스 품에 안긴 '지금 이 순간'이 生의 절정이다

눈 깜짝할 새였다. 알록달록 풍경화 같던 스위스 풍경이 별안간 사라졌다. 암전. 순식간에 철컹, 살벌한 금속성 소리가 귓전을 때렸다. 톱니바퀴에 열차 바퀴가 제대로 물렸다. 꿀꺽, 침이 넘어갔다. 기우뚱, 열차 한편이 들렸다. 최대 경사도 25도. 웬만한 스키장 중급 코스의 슬로프를 거꾸로 올라가는 상상 초월 기울기다.

더 놀라운 건, 곡예 하듯 서 있는 노랑머리 가이드 아저씨다. 익숙한 듯, 열차가 기우는 반대 방향으로 몸 전체를 누여 중심을 이내 잡으신다. 그리곤 여유 있게 말씀을 이어 가신다.

"기차가 관통해 거의 수직으로 올라가는 이곳이 고산, 빙하의 속살이다. 수많은 산악인의 목숨을 앗아 간 아이거 북벽(3,970m), 묀히(4,107m)의 속살을 뚫고 '처녀'란 뜻의 유럽 지붕, 융프라우요흐로 간다."

기자가 탄 이 열차, 그 유명한 융프라우 산악 열차다. 이거, '설국 열차' 제대로다. 우선 루트. 전 세계 가장 높은 역 융프라우요흐(3,454m)로 향하는 것만 해도 신기한데, 열차가 다니는 길, 고산 밖이 아니라 속이다. 경관을 해치지 않기 위해 아이거와 묀히 속으로 굴을 뚫었고, 그 속을 누비는 거다. 게다가 속도, 세상에서 가장 느리다. 7km 남짓한 거리를 50여 분에 주파한다. 심지어 중간중간 정거장 두 곳도 있다. 아이거반트(2,865m)와 '빙벽'을 뜻하는 아이스메어(3,160m) 두 곳에서 5분씩 정차한다. 고산병이 생기는 3,000m 고산으로 직행하다 보니, 고도에 적응할 수 있는 시간을 주는 과정이다.

정거장도 환상적이다. 첫 번째 아이거반트 역. 밀폐된 굴 같이 생긴 이 역은 50m 구불구불 이어진다. 그 끝이 전망대다. 탄성이 절로 나온다. 전망대 통유리 밖으로 펼쳐진 은빛 빙하. 그걸 보고 있는 이곳이 또 아이거 암벽, 아니 속살이면서 또 고도 2,865m 지점이라니.

종착역은 융프라우요흐다. 이곳의 상징 '톱 오브 유럽(Top of Europe)' 푯말. '3,454m, 1만 1,333ft'라는 문구도 보인다. 종착역은 바로 빙하 레스토랑으로 이어진다. 여기서 꼭 먹어야 할 게 있다. 바로 우리나라 컵라면. 1년에 무려 76억 원어치가 팔려 나간다는 그 대박 컵라면이다. 국물 한 방울 남김없이 들이켜고 나니, 비로소 세상이 똑바로 보인다.

빙하 레스토랑을 나서면 바로 액티비티 존이다. 가장 대표적인 게 빙하 트레킹과 플라잉 폭스(쇠줄 타기). 당연히 목숨을 부지하기 위해 트레킹을 택했다. 묀히스요흐 방향으로 45분 정도를 가면 보이는 묀히 산장을 찍고 오는 코스다. 난생처음 고산이란 데를 올랐으니, 호흡 곤란은 기본. 허벅지는 바늘로 찌르는 것처럼 저릿하다. 남들은 빙하의 속살이라며 "Fantastic!"을 연발하는데, 웬걸, 한 걸음 한 걸음이 천 근이다. 가는 길엔 그 끔찍한 '크레바스' 관람도 있다. 수많은 산악인의 목숨을 앗아 간 빙하의 공포스러운 '틈'이다.

산장은 또 왜 그렇게 높은 곳에 있는지. 천 근 같은 발을 한 발짝씩 떼, 겨우겨우 산장에 올랐다. 정신이 반쯤 나간 기자에게 마음씨 좋게 생긴 산장 주인이 하얀 사발에 '뚝배기 커피'를 내온다. 아, 설마, 사약은 아니겠지.

 여행 Tip

• **스핑크스 전망대를 꼭 볼 것**
3,000m가 넘는 고도, 힘들다고 융프라우요흐 역에만 있으면 안 된다. 볼거리, 할 거리, 먹을거리 천지다. 플래토 전망대, 빙하 지대로 이어지는 곳은 역 뒷문 쪽이다. 밖으로 나서면 융프라우와 22km 뻗은 유럽 최고 길이의 알레치 빙하가 펼쳐진다. 압권은 스핑크스 전망대다. 고산병 때문에 힘들더라도 꼭 가 볼 것.

• 세상에서 가장 비싼 컵라면을 아세요?
고도 3,000m에서 먹는 컵라면. 상상이 가시는가. 융프라우의 명물이 바로 컵라면이다. 그것도 한국을 대표하는 컵라면 가격은 우리 돈 1만 원대. 한때는 뜨거운 물까지 포함된 값이었는데, 요즘은 따로 받는다고 한다. 돈이 문젠가. 세계의 지붕, 융프라우에서의 컵라면이라는데. 꼭 맛보실 것. 정말이지, 둘이 먹다, 하나 죽어도 모른다.

• 빙하를 날아라, '플라잉 폭스'
빙하를 날아서 간다? 진짜다. 단, 쇠줄 타고 난다. 이름하여 플라잉 폭스(Flying Fox). 집와이어와 같은 종류다. 길이는 짧다. 한 200m 정도. 한데, 장난 아니다. 체감 속도 시속 50km 이상으로 빙하에 꽂힌다. 직접 타 보시라. 말이 필요 없다. 가격은 우리 돈 3~4만 원대.

하늘 뚫고 오르는 아찔한 맛, 알프스 내다보는 짜릿한 멋

누군가는 말한다. 스위스는 걸어야 제맛이라고. 나는 말한다. 4,000m 급 고산을 따라 펼쳐진 '액티비티 파노라마'를 즐기라고. 물론 알프스 봉우리까지 기어이 올라 빙하 호수를 내려다보며 감탄사 내뱉는 맛, 끝내준다. 하지만 힘들다. 스위스까지 가서 다리에 알이 배며 걷는 것은 고행이다. 즐기려면 제대로, 그리고 편하게 즐겨야 한다. 그래서 소개한다. 스위스 명물 '탈것'들이다. 톱니바퀴 열차는 기본. 푸니쿨라에서 곤돌라, 케이블카까지 이색 산악 교통편이 즐비한 게 또 스위스다. 탈것 제대로 타면서 파노라마 스위스 즐겨 보시라.

■ 아이거 북벽 한눈에, 피르스트반

그린델발트(Grindelwald)의 로맨틱 산정 호수로 안내하는 곤돌라다. 이름하여 '피르스트반(Firstbahn)'. 융프라우 지역에서도 낭만 마을로 통하는 샬레, 그린델발트에서 빙하 지대 피르스트(First)까지 오른다. 독자들 중에 스위스 찍고 오신 실버 세대들은 피르스트반 하면 2인용 체어리프트를 떠올릴 게다. 요즘 건 업그레이드판이다. 현대식 곤돌라가 오간다. 이게 매력적인 건 조망이다. 수많은 산악인의 목숨을 앗아 간 살벌한 고산 '아이거(Eiger) 봉우리의 북벽(North Face)을 제대로 볼 수 있는 기막힌 전망대를 찍는다.

피르스트에 내리면 트레킹이 기다린다. 바흐알프제(Bachalpsee)라는 산정 호수까지 이어지는 하이킹 루트. 알프스의 정취, 그야말로 '파노라마'로 즐길 수 있다. 장담한다. 곤돌라 타고 1시간 안에 엽서에 등장하는 알프스 풍경, 바로 만난다. 아찔한 탈것도 있다. 로프에 매달려 시속 84km로 질주하며 800m를 날아가는 '피르스트 플라이어(First Flyer)'다.

> 여행 Tip
>
> - **고도**: 2,166m
> - **가려면**: 인터라켄(Interlaken)에서 기차로 그린델발트 하차. 도보로 마을을 지나 20분만 걸으면 피르스트로 향하는 곤돌라 역이다. 곤돌라는 피르스트 정상까지 3구역으로 나뉜다.
> - **맛집**: 레스토랑 피르스트(Restaurant First). 햇살 가득한 야외 테라스에는 300석이 마련돼 있다.
> - **이용료**: 편도 CHF 31, 왕복 CHF 57(스위스 패스 소지 시 50% 할인)

■ 세계 최장 곤돌라, 맨리헨반

맨리헨반(Männlichenbahn), 곤돌라계의 황제다. 첫 스타트는 1978년부터. 그러니 불혹을 눈앞에 둔 중년이시다. 길이는 무려 6km. 여전히 세계에서 가장 긴 곤돌라 '케이블 웨이'로 기록되고 있다. 구간은 그린델발트와 맨리헨(Männlichen). 그린델발트만큼 빙하가 가까운 계곡도 없으니, 곤돌라를 타고 맨리헨으로 올라가는 내내 360도 입체 파노라마 풍경을 감상할 수 있다. 맨리헨에서 출발해 클라이네 샤이데크(Kleine Scheidegg)로 돌아오는 걷기 코스가 명물이다. 이 하이킹이 매력적인 건 수평 길을 따라 걷는 트레일이라는 것. 운동화만 갖추면 된다. 1시간 반 정도면 충분하다.

| 여행 Tip

- **고도**: 2,343m
- **가려면**: 그린델발트 역 뒤쪽의 그린델발트 그룬트(Grund) 구역으로 이동. 맨리헨 방향으로 가는 케이블카 역이 있다.
- **맛집**: 맨리헨 역 인근에 전통 식당들이 모여 있다. 퐁뒤, 끝내준다.
- **이용료**: 왕복 CHF 57(스위스 패스 소지 시 50% 할인)

■ '007산' 향하는 케이블카, 쉴트호른반

단 32분. 슈테헬베르크(Stechelberg)계곡 역에서 쉴트호른 정상까지 오르는 시간이다. 물론 케이블카인 '쉴트호른반'으로 올랐을 때 얘기다. 이 케이블카가 유명해진 건 순전히 영화 〈007〉 덕이다. '여왕 폐하 대작전' 촬영지로 제임스 본드가 아찔한 스키 추격전을 보여 줬던 곳이 다름 아닌 여기다. 기자가 개인적으로 가장 좋아하는 탈것이기도 하다. 이유? 역시 풍광이다. 알프스 '빅 3' 고봉인 아이거, 묀히, 융프라우를 포함해 200개가 넘는 고산의 파노라마를 모두 품을 수 있어서다. 쉴트호른의 석양도 최고 명품. 잊을 뻔했다. 이곳 고도가 높다. 몸이 불편하다면 반드시 고산병 약 복용하고 올라가실 것.

> 여행 Tip
>
> - **고도**: 2,970m
> - **가려면**: 인터라켄 오스트(Interlaken Ost)에서 라우터브룬넨(Lauterbrunnen)까지 기차를 탄다. 슈테헬베르크에서 하차. 공중 케이블카를 타고 뮈렌을 거쳐 쉴트호른 정상까지 케이블카가 운행된다.
> - **맛집**: 정상에 명물 식당이 있다. 360도 회전하는 레스토랑, 피츠 글로리아(Piz Gloria)이다. 파노라마 풍경을 감상하면서 스위스의 깊은 맛을 음미할 수 있다.

■ 지하 케이블카, 메트로 알핀

놀랍다. 이번엔 지하 케이블카다. 체스엔(Chessjen) 빙하 아래를 뚫는다. 그리고 3,500m 상공의 산 정상까지 질주한다. 메트로 알핀(Metro Alpin). 세계에서 가장 높은 기록의 지하 철도다. 자스페(Saas-Fee)에 펼쳐진 알프스 봉우리들이 빙하의 반짝임과 뒤섞인 풍광이 일품. 한마디로 눈부신 알프스의 파노라마다. 속도도 빠르다. 알프스 고산 지대를 뚫고 지나는 속도는 초속 10m. 웬만한 중형 급 태풍 수준이다. 그런데도 느낌은 안전하다. 그래서 500m 고도 차이를 달리고 있다는 사실을 깜빡하기 일쑤다. 정상에는 세계에서 가장 규모가 큰 초대형 아이스 파빌리온(방갈로)이 있다. 빙하와 얼음 조각들이 자아내는 신비한 분위기가 일품.

여행 Tip

- **고도**: 3,500m(본격적인 고산행의 시작이다. 고산병 약은 필히 복용할 것)
- **가려면**: 자스페 마을 버스 터미널에서 멀지 않은 곳에 알핀 익스프레스 케이블카 역이 있다. 케이블카를 타고 펠스킨으로 간다. 거기서 메트로 알핀을 타면 끝. 순식간에 미텔알라린 정상이다.
- **맛집**: 알라린 정상에는 360도 회전 레스토랑이 있다. '알프스 파노라마' 한가운데서 낭만적인 식사를 즐기기엔 딱.
- **이용료**: 왕복 CHF 72(스위스 패스 소지 시 50% 할인)

■ **베른의 뒷동산을 오르는 구르텐반**

스위스의 명물, '푸니쿨라(Funicular)'로 베른을 오르는 구르텐반 역시 파노라마 풍광을 즐기기엔 으뜸이다. 구르텐 산은 페스티벌(Gurten Festival)로 유럽인들 사이엔 잘 알려진 곳. 베른 시민들의 하이킹 메카이기도 하다. 당연히 차량 진입은 불가. 구르텐반은 엽서에 자주 등장하는 새빨간 '푸니쿨라'다. 베른 근교의 바베른(Wabern)을 떠나 빨간 푸니쿨라로 금방 정상에 닿는다. 베른 구시가지의 형형색색 지붕들과 옥빛 아레 강이 만들어 낸 파노라마 풍광이 펼쳐진다. 바비큐를 즐길 수 있는 시설도 무료. 가족 단위 여행자들은 이곳에서 전기 자동차와 함께 성곽 클라이밍, 원반던지기 등의 액티비티를 즐긴다.

> 여행 Tip

- **고도**: 856m
- **가려면**: 베른 기차역에서 에스반(S-Bahn) 기차를 탄다. 14분 걸리는 바베른에 하차. 또는 트램 9번을 타고 바베른-구르텐반에 하차, 구르텐행 푸니쿨라 역이 나온다.
- **맛집**: 셀프서비스 레스토랑인 '타피 루주(Tapis Rouge)'가 으뜸. 인테리어가 돋보이는 레스토랑 '벨 에타주(Bel Etage)'도 꼭 가 보실 것.
- **이용료**: 왕복 CHF 10.50(스위스 패스 소지 시 50% 할인)

■ 컨버터블 케이블카, 카브리오

스위스 루체른 지역 최고의 명물인 카브리오(CabriO). 세계 최초 '컨버터블'이라는 수식어를 달고 있다. 타 보면 안다. 그저 '아' 소리밖에 안 나온다. 지붕 없는 구조. 게다가 2층 케이블카. 그것만 해도 놀랄 '노' 자인데 끝판 '풍광 왕' 알프스의 파노라마 하늘을 가로지른다. 알프스의 그 상쾌한 공기와 바람을 직접 맞을 수 있는 것, 그보다 행운은 없다. 파노라마형 유리 창문으로 구성된 1층에는 60명이 탄다. 계단을 오르면 2층 전망 층이다. 서둘러야 한다. 정원은 30명. 해발고도 1,900m에 달하는 슈탄저호른의 정상을 향한다. 전망대에는 루체른 호수 지역의 기막힌 풍광이 기다린다. 야생화 꽃길을 따라 하이킹을 즐기기에도 딱. 스위스에서 가장 크고 가장 오래된 연날리기 클럽이 있는 곳이기도 하다.

> 여행 Tip
>
> - **고도**: 1,850m
> - **가려면**: 루체른에서 기차를 타고 슈탄스(Stans) 역에 하차. 5분 정도 걸으면 슈탄저호른 케이블카 역이다.
> - **맛집**: 슈탄저호른 정상에는 45분마다 한 번씩 360도 회전하는 레스토랑 '론도라마(Rondorama)'가 있다. 명불허전이다.
> - **이용료**: 왕복 CHF 74(스위스 패스 소지 시 CHF 33)

테마 해외여행 ⑤
유럽 반나절 기차 여행

칙칙폭폭 동화 속으로, 사뿐사뿐 그림 속으로

특명을 띠고 가는 출장길, 빡빡한 일정에 신물이 날 때쯤 누구나 한 번씩은 '증발'을 꿈꾼다. 정말 로또를 맞은 것처럼 운 좋게 주어지는 자유시간이라고 해 봐야 길어야 반나절이다. "여기까지 왔는데!" 분노가 치민다. 열 받는다. 커피로, 쇼핑으로 킬링 타임 할 수는 없다. 이럴 때 요긴한 게 기차 여행이다. 심지어 반나절에 끝나는 루트도 있다. 그래서 소개한다. 유럽의 구석구석 숨은 명소를, 그것도 반나절에 뚝딱 끝내는 기차 여행 코스다. 유럽을 잇는 레일유럽 홍보실장 김남림 씨의 '비밀 여행 노트'에 담긴 주옥같은 루트니 참고해도 좋다. 잘 읽어 두시고 빡빡한 출장, 세끈한(?) 여행길로 둔갑시켜 보시라.

■ **1코스, 프랑스 파리~지베르니**

반나절 땡땡이에 가장 좋은 코스가 지베르니 찍기다. '모네의 정원' 애칭만 들어도 가슴이 뛰시는가. 그곳, 영화 〈미드나잇 인 파리〉의 첫

장면에 등장했던 바로 그 정원이다. 모네나 세잔 등 유명 화가들이 영감을 받은 장소니 분위기야 두말하면 잔소리다. 당연히 복닥복닥한 파리와는 정반대. 수채화 같은 촉촉함을 선사하는 곳이다.

우선 지하철을 타고 파리 생 라자르 역으로 가실 것. 거기서 베르농 행 기차에 오르면 끝이다. 소요 시간 단 50분. 역에 내리면 지베르니로 여행자들을 데려다 줄 버스 정류장을 쉽게 찾을 수 있다. 버스로 10여 분을 이동하면 끝.

4월부터 9월 사이가 피크다. 형형색색 꽃들과 나무들이 어우러진 담백한 풍경이 예술이다. 지베르니를 거닐며 모네 마을에 들어서 모네의 정원에 도착하면 영화 속 낯익은 풍경이 자동으로 오버랩 된다. 정원 한쪽엔 모네의 집이 남아 있다. 구경이 끝나면 곳곳에 있는 아기자기한 기념품 상점에 들러 쇼핑을 하는 것, 잊지 마시라.

| 여행 Tip

여유 시간이 있다면 베르농 역에서 셔틀버스를 이용하지 않고 자전거를 빌려 베르농 마을을 구경하고 지베르니까지 가 보는 코스도 강추.

■ 2코스, 이탈리아 밀라노~베르가모

일단 발음에 속지 마시라. 페라가모 절대 아니다. 베르가모다. 명품 브랜드와는 무관하다. 밀라노에서 북동쪽으로 40km 떨어진 곳의 베르가모. 화려한 밀라노에 질리셨다면 이곳만 한 곳이 없다.

도시 한 면에 성벽이 치솟은 게 압권이다. 이 성벽이 묘하다. 소위 윗동네와 아랫동네를 구분하는 벽이기 때문이다.

밀라노 중앙역에서 베르가모까지는 기차로 불과 50분 거리다. 아쉬운 건 있다. 이탈리아가 자랑하는 초고속 열차 프레차로사 혹은 요즘 유럽에서 최신 초고속 열차 AGV모델로 각광받는 이탈로(Italo)를 탑승할 수 있는 구간이 아니라는 거다. 하지만 소박한 기차 여행 특유의 맛은 있다.

베르가모 역에서 내리면 먼저 일명 아랫동네 신시가지를 먼저 만난다. 깔끔하게 정리된 신시가와 다른 구시가에는 돌이 촘촘히 박혀 있는 길이 명물이다. 산복도로처럼 위치가 높아 별다른 전망대 없이도 신시가지를 내려다볼 수 있다.

 여행 Tip

아랫동네 신시가지에서 윗동네 구시가까지 갈 때는 푸니쿨라(사선형 엘리베이터)를 꼭 타보실 것.

■ 3코스, 스위스 취리히~바덴

취리히를 찍었다면 바덴만큼은 기어이 가봐야 한다. 불과 15분 거리니 소위 출장 '땡땡이 치기'엔 최적의 코스다.

취리히에서 얼마 떨어져 있지 않은 이 마을, 놀랍게도 온천 동네다. 당연히 '자연의 나라' 스위스에서 스트레스를 가득 안고 출장 일정을 완주했다면 하루쯤 나에게 호사를 줘야 할 터. 미네랄 풍부한 노천 온천에서 그야말로 피로 말끔히 씻어낼 수 있는 '화룡점정'의 코스다.

취리히 중앙역에서 바덴으로 가는 열차는 시간대별로 굉장히 많다. 물론 소요 시간은 천차만별이다. 통상 걸리는 시간은 15분에서 30분 사이.

대중 온천장은 떼르말 바덴이다. 오히려 소박한 분위기에 동네 목욕탕처럼 부담 없이 드나들 수 있다. 이곳, 물(?)은 정평이 나 있다. 그 옛날 결혼을 하는 스위스 신부는 1년에 한 번 바덴에 데려가 줄 약조를 받았다는 전설이 전해져 올 정도. 수영복은 대여가 가능하니 바쁜 출장 와중에 예정 없이 왔더라도 충분히 이용할 수 있다.

여행 Tip

역 앞 버스 정류장에 대중 온천장인 '떼르말 바덴(Thermal Baden)'까지 가는 버스가 있으니 바로 이용하실 것.

■ **4코스, 독일 프랑크푸르트~밀텐베르크**

밀텐베르크는 독일 남동쪽 바이에른 주 마인 강 상류의 도시다. 관광객들보단, 오히려 현지인이 더 즐겨 찾는 소도시다. 유명한 예술가나 왕족이 얽힌 이야기도 없다. 그저, 담백한 도시 분위기가 매력적인 곳이다.

프랑크푸르트 중앙역에서 밀텐베르크까지는 기차로 1시간 35분이 걸린다. 역에서 내려 10분 정도 걸으면 마인 강이다. 여기서, 본격적으로 마을이 조성된 곳까지 이어지는 작은 성문을 만날 수 있다. 성문을 지나면 구시가지다. 독일 특유의 목조 가옥들로 가득 찬 소도시를 걷는 맛은 색다르다. 독일 내에서도 마을 풍경만큼은 으뜸이라는 마르크트 광장도 자연스레 마주할 수 있다. 광장 한편에 밀텐베르크 성으로 올라가는 계단식 길이 있다. 계단 위가 조망 포인트다. 마인 강과 함께 마을의 정경을 모두 한눈에 볼 수 있다.

 여행 Tip

기차, 경유 코스가 있다. '아쉬펜부르크(Aschffenburg) 역'이다. 규모가 있는 기차역이 아니어서 편하게 갈아타면 된다. 여기서 밀텐베르크로 가는 귀여운 지방 기차를 타면 끝.

레일유럽 김남림 실장의 '출장 여행' 노하우

  유럽 출장에 있어 근교 여행은 지역 열차를 이용한 단거리 이동이 부담 없다. 비용 부담도 적다. 여유 좌석, 많다. 가볍게, 출발할 수 있으니 더 매력적이다. 배차와 비용, 이동 시간에 대한 정보는 레일유럽 코리아(www.raileurope.co.kr)에서 실시간 조회가 가능하다. 출장지에서 국철 패스를 사용한다면 별도 티켓 없이 바로 열차에 탑승할 수 있다. 스페인, 이탈리아, 프랑스 등은 기차 e티켓 시스템이 대부분 상용화되거나 개발 단계에 있는 국가인 만큼, 번거로움 없는 여행이 가능하다.

테마 해외여행 ⑥
자전거 타고 파리 구석구석 즐기기

'꽃보다 할배'보다 재밌게 파리 투어를 할 순 없을까. 정혜영 프랑스관광청 부소장에게 긴급 SOS를 쳤더니 0.1초 만에 답변이 날아든다. '자전거'. 그래, 자전거라면 가능할 것 같았다. 나영석 PD조차 황급히 '인력거'로 마무리했던 샹젤리제 개선문 구간을 유유자적, 자전거로 누비는 거다. 게다가 센 강 속살도 제대로 볼 수 있다. 루트부터 정해야 했다. 이럴 때 요긴한 게 있다. 외국 현지 '옵션 투어' 끝판왕 원데이투어(www.1daytour.co.kr)다. 잠깐 시간 남을 때, 패키지여행을 하다 뜬금없이 자유여행이 하고플 때 이 사이트를 클릭하면 된다. 당일치기 옵션 투어가 줄줄이 나와 있다.

'4만 5,000원짜리 루브르 박물관+시내 투어' 이게 좋겠다. 클릭을 했더니 당일치기 코스가 뜬다. 샹젤리제를 거쳐 개선문, 루브르 박물관을 찍는다. 퐁네프와 노트르담 성당에 퐁피두센터를 지나 에펠탑까지 이어지니 이 코스, 자전거 속살투어로는 딱이다.

사실 파리 시내 투어는 건축 기행이다. 1800년대 초반 낡은 벽돌

외형으로 된 건물들이 곳곳에 서 있으니 이를 제대로 보는 데는 자전거 투어만 한 게 없다. 현장 안내를 맡은 가이드가 놀라운 사실을 귀띔한다. "제대로 파리 속살을 보려면 무조건 자전거를 타야 한다. 연간 830만 명이 프랑스 전역을 자전거 투어로 다닌다. 네 명 중 한 명은 자전거 투어족이다"라고.

더 이상 잴 게 없었다. 출발은 오전 9시. 샹젤리제, 개선문과 함께 루브르 박물관 관람은 오전에 끝내 버렸다. 순전히 '센 강'을 위해서였다. 한국인들에겐 센 강 투어라는 게 딱 한 가지다. 바토무슈 크루즈에 오른다. 아코디언 연주를 듣고, 스테이크를 먹는다. 그리곤 잠깐 바깥 구경. 이걸로 끝이다. 그야말로 수박 겉핥기인 셈이다.

자전거는 달랐다. 남산 타워를 방불케 하는 70만 개 자물쇠. 다리 구석구석 풍기는 쿰쿰한 냄새. 아랑곳하지 않고 키스를 즐기는 낭만 커플들. 맞았다. 자전거 여행은 그저 관조하는 게 아니라, 여행 그 자체가 되는 거였다.

30여 분을 내리 달렸을까. 파리에서 가장 높은 곳, 어느새 몽마르트르 언덕이다. 피카소가 이 뒷골목에서 술을 퍼마시고 그림을 그렸다고 전해지는 곳. 그의 생가 근처엔 여전히 여행자들이 붐볐다. 그 옆은 화가들의 광장이다. 초상화를 그려 주겠다며 연신 기자에게 손짓을 해 댄다. 아쉽지만 에펠탑 야경을 봐야 하니 "아듀, 예비 화가들!".

그랬다. 나의 파리는 그저 차로 달리고, 크루즈로 누비는 시속 60km짜리 여행이었다. 하지만 자전거 투어는 180도 달랐다. 느릿느릿, 10~20km 사이 딱 구름 빠르기로, 따박따박 몸과 가슴에 새기는 여행이었다.

해가 진다. 에펠탑 아래서 석양을 보고 있으니 왠지 뿌듯하다. 그래, 다음번 프랑스 투어 코스는 정해졌다. 또 하나의 자전거 투어 도전. 코스도 그려진다. 제브레 샹베르탱, 뉘생조르주, 마코네까지 이름만 들어도, 양쪽 볼 안쪽에 시큼한 느낌이 드는 부르고뉴로 달려갈 거다. 미국 최고 여행 잡지 〈AFAR〉가 최고로 꼽은 자전거 여행 코스라던가. 와인 향만큼이나 상큼하고 진한 여운이 남는 맛일 게다.

| 여행 Tip

자전거 여행 관련 정보부터 확인해야 한다. '프랑스 자전거 관광(www.francevelotourisme.com)'에서 입체적인 해답을 찾을 수 있다. 자전거 도로, 기상 상황 등과 같은 조언, 세탁물 관련 사항, 안전한 자전거 보관소 등 여행 중인 이들에게 유용한 정보가 담겨 있다.

숙박 정보는 '색다른 여행(www.voyageons-autrement.com)' 강추.

테마 해외여행 ⑦

땅거미가 지면 오싹한 즐거움이 몰려든다

  에든버러를 문화의 도시라고 알고 계신 분들, 지금부터 바짝 긴장하시라. 에든버러, 한 꺼풀 벗겨내고 보면 공포의 도시다. 그러고 보니 그 유명한 브리티시오픈 골프대회에도 '클라레 저그(우승컵의 명칭, 적포도주(피)의 잔을 뜻한다)' 괴담이 유령처럼 떠돈다. 이 트로피에 입을 맞춘 우승자는 그때까지 재능을 몽땅 잃는다는 살벌한 의미다. 이번엔 전 세계 여행객들에게 가장 '악명'이 높다는 에든버러 '공포 투어'다. 경고 하나. 노약자, 임신부 혹은 미성년 독자들, 이번 여행기 절대 관람 불가다.

■ **공포 지수 C, 던전 투어**

  에든버러에서 말썽 부리는 아이들 다스리는 법, 간단하다. 목소리 쫙 깔고 "버크와 헤어가 나온다"고 읊조리면 끝. 죽을 둥 살 둥 설치던 애들이 이내 얼어붙는다. 살인마 버크(Burke)의 이름이 '목 졸라 죽이다'란 동사로 쓰이는 것도 이런 이유에서다. 시체가 비싼 값에 팔릴 무렵 아예 산 사람을 살해한 뒤 팔았던 엽기적인 버크와 헤어 사건이 불러일으킨 그 끔찍한 공포는 여전히 에든버러 곳곳에 숨어 있다.

 담력 약한 독자들을 위해 가장 낮은 공포 등급 C부터 스타트. 첫 코스는 던전(지하감옥) 투어다. 스코틀랜드의 역사가 그렇다. 잉글랜드와 격렬한 투쟁을 벌인 탓에 곳곳에 지하감옥의 흔적이 남아 있고, 당시 목숨을 잃은 영혼들이 아직도 그곳을 맴돈다고 전해진다.

 압권은 에든버러 메인 도로 '로열마일'에서 얼마 떨어지지 않은 곳에 있는 '에든버러 던전'이다. 문패부터 오싹하다. 핏빛으로 물든 '에든버러 던전' 간판. 스펠링을 따라 금방이라도 뻘건 피가 뚝뚝 흘러내릴 것 같다. 가장 먼저 반기는 건 낡은 나무로 만들어진 처형장. 손가락만 툭 대도 으스러질 것 같은 'ㄱ'형의 나뭇가지 끝에 노인 한 명이 목을 맨 채 서 있다.

 이쯤이야. 명색이 여행전문기자 아닌가. 생생한 현장 분위기를 원하는 독자들을 위해 심호흡하고 계속 전진. 느긋한 척 발걸음을 옮긴다. 그러다 오른쪽 귀퉁이에서 팍 튀어나오는 아저씨. '컥' 비명조차 목에 걸려 나오지 않는다. 더 기분 나쁜 건 비명 소리다. 벽 너머로

"까악~" 하는 '단말마'의 비명 소리가 연신 들려온다. 필시 뭔가를 보고 놀란 여행객의 비명일 게다. 핏빛 통로를 따라 출구로 향하는 길도 음산함의 연속이다. 한 걸음 한 걸음 뗄 때마다 비명소리는 벽을 넘어 끊임없이 이어진다. 궁금하시다고? 꼭 한번 들어가 보시라.

■ 공포 지수 B, 에든버러 캐슬

공포 지수 B등급. 에든버러 캐슬이다. 1.6km쯤 이어지는 블록 길 '로열 마일'을 거슬러 가면 그 끝자락에 성이 보인다. 휴화산 위에 지어진 성은 도시 남쪽 가장 높은 곳에서 도도하게 도시를 내려다본다. 거대한 화산암 절벽으로 둘러싸인 천혜의 요새다.

역사도 깊다. 스코틀랜드 왕가의 궁전이자 요새 역할을 했던 곳이어서 스코틀랜드의 상징이나 다름없다. 1018년부터 조금씩 형태를 갖추기 시작한 에든버러 캐슬엔 잉글랜드와 스코틀랜드 간 격렬한 투쟁사의 흔적이 곳곳에 배어 있다. 성의 규모는 실로 거대하다. 채플, 박물관, 그레이트홀, 로열아파트먼트, 왕관 전시실, 감옥까지, 성 안에 있는 여러 건축물을 보려면 서너 시간은 족히 걸린다.

공포 포인트는 이 성의 던전이다. 이게 끝내준다. 수십 명의 죄수가 빼곡히 드러누웠다는 거대한 나무침대. 해먹을 닮은 천조각은 천장에서 아직도 흔들흔들 바람을 타고 있다. 이 해먹 침대는 당연히 고참 죄수 차지였을 터. 그 순간이다. 벽 위쪽에 불쑥 검은 그림자가 스친다. "악~" 합창하듯 이어지는 비명 소리. 게다가, 움직인다. 유령? 혼비백산 물러서는데, 다시 보니 홀로그램이다. '쟁쟁쟁' 낮게 말소리도 들린다. 뭐라 속삭이냐고? 직접 와서 들어 보시라.

■ 공포 지수 A, 유령 투어

드디어 공포 등급 최상 코스다. '엑기스' 유령만 골라 보는 괴기스러운 투어도 있다. 이름하여 '투어 혼티드 스코틀랜드(Tour Haunted Scotland)'. 글자 그대로 스코틀랜드 유령의 진면목을 보는 투어다. 예약은 필수. 주말엔 자리가 없는 경우도 있다.

일정? 미안하지만 하룻밤에 끝나지 않는다. 스코틀랜드 전역의 귀신을 다 만나는 패키지의 기간은 무려 열흘이다.

등장하는 캐슬의 면면? 아, 정말이지 말을 말자. '공포 등급 C'의 에든버러 캐슬은 귀여울 정도다. 퍼스 성, 헌팅타워 성, 블레어 성, 클레이팟 성, 포클랜드 성, 세인트앤드루스 성과 성당, 글래스고 성당 등 악명 높은 곳은 모두 리스트에 올라 있다. 영화 〈브레이브 하트〉에 나온 하일랜드도 찍는다.

A급 귀신들도 총출동한다. 740년 역사의 고성 블레어 성에선 회색 유령이 등장한다. 귀신마을(Pitlochry)에선 손가락에 닿는 것만으로도 죽음 구경을 시켜 준다는 공포의 터치 귀신도 있다. 서양이나 동양이나 여자가 한을 품으면 오뉴월에도 서리가 내리는 법. 비통 추기경의 미망인 메리앤 오길비의 유령인 '화이트 레이디(White Lady)'가 출몰한다는 곳이 클레이팟 성이다. 귀신들의 하얀 '소복 문화'는 동서양을 불문하는 걸까. 많은 색 중에 하필이면 '화이트'다.

이렇게 열흘 돌아보고 난 뒤 불현듯 든 생각. 귀신도 신토불이, 한국 귀신이 최고라는 거다. 회색 유령, 화이트 레이디가 날뛰어 봐야 거기서 거기다. "내 다리 내놔라~" 하는 다리 귀신 한 방에 '올킬'이다.

| 여행 Tip

스코틀랜드까지 직항편이 없다. 영국 런던을 거쳐 에든버러로 가는 방법이 일반적이다. 레일유럽 영국철도패스(4일권, 8일권)를 이용하면 기차로 갈 수도 있다. 스코틀랜드에서 꼭 맛봐야 할 음식은 '하기스(Haggis)'. 절대 기저귀는 아니다. 양의 내장을 잘게 다져서 곡물과 섞은 것을 양의 위장에 채워 삶은 스코틀랜드의 전통 요리다.

03

항공사도 꼭꼭 숨기는
기내 이용 팁

항공사들, 당연히 사람이 운영한다. 영악할 수밖에…. 절대 안 가르쳐 주는 팁들, 그래서 있다. 가장 대표적인 게 기내 명당이다. 예컨대 비행기 비상구석에도 등급이 있다. 좌석 팔걸이가 고정된 게 있는가 하면, 비행기 구조 탓에 비상구석에 앉아도 다리를 접은 채 불편하게 가야 하는 곳이 있다. 그리고 요즘처럼 사고가 잦은 불안한 시기, 꼭 알아 둬야 하는 기내 명당, 바로 생존 확률이 가장 높은 좌석이다. 같은 비행기 안 좌석이라도, 사고가 났을 때, 생존 확률이 달라지는 법이다. 잊을 뻔 했다. 자칭 여행 고수라고 주장하는 기자가 음료수를 선택할 때 왜 토마토 주스만 선택하는지 그 이유. 이 편이 끝날 때쯤 고개를 끄떡이게 될 것이다. 꼭 외워 두시고 써먹으시라. 건투를 빈다.

여행 고수들의 여행 필살기 '베스트 7'

여행 필살기 베스트 7. 객관성을 더하기 위해 여행의 달인 대한항공 승무원들이 꼽은 알짜 팁만 공개한다. 사실 항공기 승무원만 한 여행 고수도 없다. 그러니 꼭 외워 두시고 써먹으시길.

인터넷, 모바일 탑승수속을 활용하라

요즘 공항에 가서 기다리면 '바보'다. 대한항공뿐만 아니라, 최근 전 세계 항공사들은 웹 체크인 서비스와 함께 모바일 탑승수속 서비스 등 다양한 방법으로 탑승수속 편의를 돕고 있다. 이것만 활용해도 공항 수속 시간을 두 배 이상 줄일 수 있다.

사전 좌석 배정 서비스 놓치지 말 것

공항 카운터에서 '창가, 복도, 비상구열' 자리를 달라고 소리 지를 필요 없다. 여행 고수들은 클릭으로 끝낸다. 이른바 '사전 좌석 배정 서비스'다. 항공권을 예약하면서 미리 좌석을 선택할 수 있도록 하고 있으니 얼마나 편리한가. 알아야 편해지는 게 여행이다.

특별한 기내식도 있다

기내식도 알고 보면 다양하다. 항공사들은 건강, 종교, 연령 등 다양한 고객 니즈를 고려해 특별 기내식을 제공한다. 스파게티, 돈가스, 햄버거 등 어린이 전용 메뉴도 있다. 단, 사전 신청은 필수. 보통 항공기 출발 24시간 전까지다. '항공사 콜센터'로 전화해 사전 주문하면 된다.

노트북, 카메라는 반드시 기내로

예상보다 잦은 게 수하물 관련 분쟁이다. 당연히 각별한 주의가 필요하다. 노트북 컴퓨터나 카메라를 비롯해 고가의 전자제품이나 귀중품 등은 분실이나 파손의 위험이 있으므로 반드시 기내로 휴대할 것.

사전 주문하면 더 싼 기내 면세 쇼핑

기내 면세품 사전 주문제도 의외로 모르는 분들 많다. 해외여행 출발 전이나 출국 편에서 원하는 면세품을 미리 주문한 뒤 기내에서 주문품을 전달받는 방식이다. 특히 한-일, 한-중 단거리 노선은 짧은 비행 시간으로 기내에서 구입할 수 있는 면세품이 제한되어 있으니 이 제도 요긴하다. 무엇보다 매력적인 건, 추가 할인이 있다는 거다. 알뜰의 완성, 사전 주문제도, 기억해 두시라.

공항별 특성을 파악하라

환승이 잦을 땐 유일한 쉴 곳이 공항이다. 당연히 공항별 특성을 미리 파악해 둬야 한다. 나리타 등 해외 공항에서는 유료(30분에 1만 4,000원 정도)인 경우도 있지만 인천공항을 포함한 여러 공항에는 공짜 샤워장이 있다. 항공사 라운지는 특히 킬링 타임엔 필수다. 세계적인 라운지 이용 프로그램인 '프라이어리티패스 사이트'에 회원으로 가입해 두면 된다.

스마트폰 활용해 똑소리 나게 여행하기

스마트폰은 이젠 필수품이다. 두꺼운 여행책자, 지도 다 필요 없다. 데이터 무제한 요금제를 활용해 현지에 가서 스마트폰을 활용하는 방법, 요즘 여행의 트렌드다. 도착지 교통 정보와 지도 등 여행 정보를 내려받는 건 기본. 간단한 생활 회화나 추천 식당 정보 등도 스마트폰에 담아 현지에서 써먹으면 된다.

항공사도 꼭꼭 숨기는
기내 이용 팁

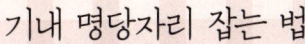

기내 명당자리 잡는 법

비행기 안에도 '명당'이 따로 있다는 거, 알고 계신가. 같은 값이면 다홍치마라 했다. 마찬가지다. 기내에서도 같은 값 냈다면 당연히 명당에 앉아야 한다. 이거, 제대로 알면 여행이 두 배로 즐거워진다. 승무원들도 꼭꼭 숨기는 기내 명당 고르는 실전 비법 낱낱이 공개한다. 우선 AP통신이 최근 은밀하게(?) 공개한 노하우부터.

최고 명당은 누구나 알고 있다. '황제 자리'라 불리는 비상구의 바로 앞뒤 좌석이다. 비상구 앞쪽은 의자를 확실하게 뒤로 젖힐 수 있으니 좋다. 당연히 비상구 뒤편은 다리가 편하고 공간이 널찍한 게 강점이다.

여기까진 누구나 알고 있다. 당연히 이 명당은 경쟁이 살벌할 수밖에 없을 터. 중요한 건 쟁취하는 비법이다. 미리 예약한다고, 비상구

자리에 앉겠다며 떼쓴다고 되는 게 아니다.

자, 지금부터 쟁취 비법, 들어간다. 비상구 주변은 안전을 감안해야 하는 비중 있는 공간이다. 그래서 비상구 좌석은 정확히 출발 24시간 이전부터 개방한다. 그렇다. 출발 24시간 전, 이 시간대가 포인트다. 1초라도 딱 지나는 순간 무조건 전화를 하시라. 그리고 문의하시라.

누구나 앉을 수 있는 게 아니라는 것도 알아 둬야 한다. 노약자, 그리고 15세 이하 연령대는 비상구 자리에 앉을 수 없다는 것도 알아두시라.

두 번째 로열석은 벽면 좌석이다. 이 좌석의 포인트는 유아를 동반한 가족이다. 사실 자세히 보면 벽면에 구멍이 뚫려 있다. 유아용 침대를 장착하는 연결 구멍이다. 당연히 유아 동반 가족이 우선이다. 아이와 함께라면 미리 찜하면 끝.

명당은 또 있다. 기내식을 보관하는 갤리(gally)나 화장실 뒤쪽 첫 좌석이다. 여기도 다리 공간이 꽤 넓다는 것 기억하시라.

비행기 멀미가 심한 사람들에게도 명당이 있다. 뒤쪽보다는 앞쪽,

창측보다는 가운데가 낫다. 비행기는 난기류를 만났을 때 동체 뒤쪽과 날개 쪽이 더 많이 흔들린다.

 조용한 비행을 원할 경우는 무조건 앞쪽 공간을 고집하시라. 항공회사는 단체 여행객들을 주로 뒤쪽 열에 배치한다. 당연히 상대적으로 시끄러울 수밖에 없다. 날개 쪽 좌석도 피해야 한다. 비행기 엔진은 날개 쪽에 있어 소음이 상대적으로 심하다.

 잊을 뻔했다. 사고 때 가장 안전한 자리. 이건 통계가 말해준다. 영국 그리니치대학교 화재안전공학그룹을 이끄는 에드 게일리어 교수가 내놓은 '항공사고 대피 때 인간 경험 데이터베이스' 보고서에 따르면 비상구까지 평균 거리가 좌석 2.89개(좌석과 좌석 사이의 거리가 1개)일 때 생존 확률이 가장 높다. 창가석보다는 복도석이 생존 확률이 소폭 높다는 것도 흥미롭다. 명당을 아는 만큼 비행이 편해진다는 것, 생존 확률이 높아진다는 것, 명심하시라.

임산부 비행기 탑승 규정 총정리

태교 여행이 대유행이다. 그러다 보니 헷갈리는 것 중 하나가 임신부 탑승 규정. 이참에 딱 정리하고 가자.

우선 꼭 알아야 할 대원칙. 대부분 항공사가 정한 임신부 탑승 기준은 임신 32주(약 8개월)까지다. 32주가 넘었다면 의사 소견서를 첨부하면 된다. 규정 바이블이나 다름없는 ICAO(국제민간항공기구) 룰에 따르면 만삭 임신부는 무조건 탑승 금지. 36주가 넘었다면 만약의 사태에 대비해 타지 말 것을 권한다.

좀 더 자세히 뜯어 보자. 먼저 국적기. 대한항공은 32주 미만이라면 일반 고객과 동일하다. 그냥 타면 된다. 32주 이상은 진단서 지참이 필수다. 여기에 임신일수, 출산예정일까지 고지를 해야 한다. 37주 이상이라면 탑승 불가다. 아시아나는 조금 후한 편이다. 32주 이

내라면 역시 일반인과 동일하게 편하게 이용하면 된다. 32~36주라면 진단서와 함께 이상 있을 때 개인이 책임을 진다는 서약서를 써야 한다. 36주 이상이라도 보호자와 함께라면 탑승할 수 있는 게 눈에 띈다. 외항사는 대부분 36주 이상 된 임신부에게 탑승을 금하고 있다. 싱가포르항공만 예외로 허용해 준다.

  항공사에 제출하는 진단서 발급 기준은 전 항공사가 동일하다고 보면 된다. 사흘 이내의 것만 유효하다. 이래저래 헷갈린다면 미리 항공사에 문의하면 된다.

  그렇다면 유아 탑승 기준은? 간단하다. 생후 7일이 기준선이다. 7일 이내라면 탑승 불가. 애완동물이 보편화된 요즘에는 애완동물 탑승 기준도 골칫거리다. 역시 미리 챙겨 둬야 한다. 대한항공은 기내 동반 허용 동물을 개, 고양이, 새 등 애완동물로 한정해 두고 있다. 기내 반입 마릿수는 2마리까지다. 물론 같은 클래스에 2마리를 동시에 둘 수는 없다. 운반용 우리도 기준이 있다. 가로 세로 높이 합이 115cm 이내인 것만 반입이 가능하다. 장소는 기내 동반자 좌석 밑. 당연히 공짜는 없다. 각오 단단히 해야 하는 추가 비용, kg당 일반석 요금 15%에 해당하는 초과 수하물 요금이다.

잊을 뻔했다. 정말이지, 헷갈리는 거 한 가지. 만약 임신부가 탔는데 비행기 안에서 출산을 했다면 아이 국적은 어떻게 될까. 국적 결정은 두 가지다. 속지주의(태어난 장소가 국적)냐, 속인주의(부모 국적에 준해 적용)냐다. 그런데 하늘은 애매하다.

속인주의라면 간단하다. 부모 국적을 그대로 쓰면 된다. 문제는 속지주의일 때다. 기준은 두 가지. 먼저 보통 국제선 항공기 내부는 목적지 국가 영토로 간주하는 방식이다. 예컨대 인천발 LA행이었다면 미국 국적이 되는 식이다. 또 다른 하나는 상공 아래 땅을 기준으로 하는 속지주의. 일본 상공이었다면 일본 국적을 부여하는 거다. 가장 좋은 건, 만삭일 때는 역시 비행기를 타지 않는 거다.

항공사도 꼭꼭 숨기는
기내 이용 팁

태교 여행 100배 즐기는 요령

시대 참 많이도 변했다. 요즘 유행처럼 번지고 있는 테마, 태교 여행이다. 해외 태교 여행은 기본. 만삭 사진촬영까지 그때, 그 시절을 기념하기 위한 '그들만의 문화'까지 만들어지는 분위기다. 물론, 고민거리는 따라서 늘어난다. 임신 중에 과연 비행기를 타도 문제가 없을까.

일단 원론적인 의학계의 판단은 이렇다. 유산 위험성이 있고 입덧할 가능성이 남아 있는 임신 초기 3개월까지는 무조건 자제하실 것. 배가 땅기기 쉬운 36주 이후에도 추천하지 않는다. 그렇다면 태교 여행에 가장 적절한 시기는 임신 5~8개월 사이다. 손정미 나나산부인과 원장은 "임신부가 안전하게 여행할 수 있는 안정기가 있다. 임신 초기와 조산 위험이 있는 말기를 피한 임신 16~31주 사이"라며 "임신 28주 이후는 고혈압, 정맥염이나 조산과 같은 긴급 사태가 발생할 수 있으니 여행을 자제해야 한다"고 조언한다.

그렇다면 탑승 시간은 어느 정도가 좋을까. 비행 자체가 아기에게 미치는 악영향은 없지만 되도록이면 장시간 탑승, 즉 6시간 이상 비행은 피해야 한다. 산모에게 탈수 및 혈전증을 유발할 위험이 높아져서다. 장시간 비행을 할 때는 물을 많이 마시는 게 좋다. 탈수는 태반의 혈류를 감소시키고 혈액을 농축시킨다. 혈전증으로 이어질 수 있는 위험성이 높아진다. 손 원장은 "임신부는 비행기 여행 중 많은 양의 물을 마시는 게 좋다"고 말한다.

출산 3주 전까지는 임신부와 태아 건강에 문제가 없다는 연구결과도 있다. 영국 왕립산부인과대학의 연구 결과다. 건강한 산모라면 임신 37주까지 별다른 어려움 없이 비행기를 타도 된다는 의미다. 다만 1만 660km 상공에서는 조산의 위험성이 있어 주의해야 한다.

보안검색 스캐너나 산소압 감소에 대한 부작용은 어떨까. 결론부터 말하면 이상무다. 높은 고도에서 비행기 내 압력이 낮아지더라도 태아의 헤모글로빈은 일반 성인과 다른 구성과 기능을 갖는다. 당연히 태아의 산소 공급에는 영향을 미치지 않는다는 결론이다. 다만 빈혈이 심하거나 조산 위험성을 가진 산모는 탑승을 자제해야 한다.

꼭 알아 둬야 할 살벌(?)한 내용도 있다. 비행기 운항 중에 나온다는 방사선 노출량, 이게 겁난다. 과학적으로는 일단 안심해도 좋다는 게 결론이다. 공항 보안검색대의 방사선 노출도 태아에게 미치는 영향은 미미하다고 전해진다. 괜히 찝찝할 땐? 검색대 통과 없이 손이나 검색 막대를 이용해 달라고 요청하면 된다.

항공사마다 임신부 키트가 있다는 것도 알아 두면 좋다. 편의용품은 풋크림, 피부케어크림, 수면양말, 입덧완화차, 가방 고리 등으로 구성돼 있다. 태아와 임신부의 건강을 고려한 유기농 원료와 소재로 만들어져 있으니 안심하고 사용해도 된다. 대한항공 임신부 편의용품은 항공편 예약 시 임신부라는 사실을 알리면 끝. 탑승 직후라도 별도 절차 없이 승무원에게 임신부 키트를 달라고 하면 된다.

비행기 연착 피해 보상, 확실히 챙겨 받으세요

영하 10도를 밑도는 혹한의 날씨. 이런 날씨에 간혹 발생하는 게 비행기 연착이다. 여행객으로선 보상규정을 잘만 알아도 제법 쏠쏠하게 재미를 볼 수 있는 게 연착 보상이다. 여행객들은 이와 관련한 보상규정이 있다는 것조차 모르는 사람이 많다.

소비자 분쟁 해결 기준은, 항공사가 고의나 과실로 국제선 비행기가 4시간 이상 연착됐을 때 숙박비와 함께 항공 운임 20%를 배상하도록 명시하고 있다. 2시간에서 4시간 사이는 전체 운임 중 10%를 지급해야 한다. 중요한 건 '항공사 고의나 과실' 부분이다. 간혹 '천재지변'으로 규정하는 항공사가 있다. 다분히 책임을 회피하기 위해서다.

연착과 관련한 사건 사고가 많은 외항사들은 보상규정이 비교적

체계화돼 있다. 미국에서는 항공사 과실로 3시간 이상 출발이 지연되면 항공사가 승객 1명당 2만 7,500달러, 우리 돈으로 3,200만 원씩 벌금을 내도록 하고 있다. 당연히 보상규정이 엄격할 수밖에 없다.

최근 미국 한 항공사는 7시간이 연착되면서 국내 승객들에게 300달러씩 현금을 보상한 사례도 있다. 이 항공사의 원 보상규정은 4시간 지연에 300달러 상당 쿠폰(항공권 교환용)이었지만 불만이 거세지자 '현금'이라는 당근을 내놓은 셈이다.

문제는 국내 항공사다. 명확한 규정조차 없으니 적당히 달래는 수준에 그친다. 국내선은 3시간 이내 지연 시 운임의 20%, 3시간 이상은 운임의 30%씩 보상하도록 규정하고 있다.

공정위 관계자는 "소비자 분쟁 해결 기준은 법적 효력을 지닌 규정이다. 여행객들의 적극적인 감시가 필요하다"고 지적한다. 알아야 당하지 않는다.

항공뿐만 아니다. 고속버스도 연착 땐 요금의 일부를 돌려받을 수 있다. 이때 참고해야 할 규정이 고속버스 운송사업 운송약관이다. 버스회사는 고장이나 교통사고 등으로 인해 지연 도착된 경우 지연 시간이 정상운행 소요시간의 50%를 넘어서게 되면 운임액의 10%를,

100% 이상일 경우에는 20%를 각각 환급해 줘야 한다. 물론 이때도 예외조항이 있다. 천재지변, 악천후, 도로의 정체 기타 불가항력적인 사태 및 정부기관의 명령이 있을 때다.

기차 역시 마찬가지. KTX가 20분 이상, 일반 열차의 경우는 40분 이상 지연될 때다. 만약 탑승을 포기했다면 영수금액 전체를, 도착역까지 갔다면 승차일로부터 1년 이내에 소지한 승차권을 역에 제출한 뒤 운임 일부를 돌려받으면 된다.

KTX의 경우 20분 이상 40분 미만은 운임의 12.5%, 40분 이상 60분 미만은 25%, 60분 이상은 50%씩이다. 일반 열차는 40분 이상 80분 미만은 12.5%, 80분 이상 120분 미만은 25%, 120분 이상은 50%까지 환급받을 수 있다.

항공사도 꼭꼭 숨기는
기내 이용 팁

기내에서 귀 막힐 땐 껌이 최고

비행기는 땅 위를 달리는 차와 다르다. 3만 피트 상공을 날아가니 신체 역시 적응 단계를 거쳐야 한다. '비행기 서바이벌 생존법'은 그래서 중요하다.

첫 번째 생존 수칙은 물이다. 물을 자주 마셔야 한다. 비행기 내 습도는 10% 수준이다. 상당히 낮은 편이다. 습도가 낮으면 피부가 건조해지고 입이 마른다. 코도 건조해지고 눈도 자극을 받는다. 당연히 수시로 물을 마셔 줘야 한다. 술이나 커피를 마시면 오히려 탈수 증세가 악화될 수 있으니 가급적 삼가는 게 좋다. 술은 특히 조심하자. 고도가 높아지면 알코올 흡수율이 올라간다. 적은 양의 알코올이 탈수 상태 악화나 체내 산소 유입을 방해하는 역할을 할 수 있다.

또 하나 생존 수칙은 압력 적응이다. 가끔 하강할 때 귀 안쪽에 칼로 찌르는 듯한 통증을 느끼는 경우가 있다. 잠을 자는 상태라면 통증은 더 심해진다. 귀 내부와 외부의 압력이 다를 때 나타나는 현상이다. 심하면 고막이 손상되거나 파열될 수도 있다. '항공성 중이염' 증상이다. 이를 방지하려면 기내에서 말을 많이 하거나 껌을 씹는 것이 좋다. 압력을 조절해 주는 귀 안 유스타키오관이 제 기능을 할 수 있도록 움직여 주는 것이다. 인위적인 방법도 있다. 입과 코를 꽉 막고 숨을 내쉬면 귀를 통해 공기가 빠져나가면서 귀가 '뻥' 하고 뚫리게 된다. 스쿠버다이빙에서도 이런 처방은 필수다. '펌핑'이라고 한다. 수압과 체내 압력을 동조화하는 과정이다.

시차 적응을 위한 준비도 중요한 수칙으로 꼽힌다. '시차 증후군'은 비행 방향에 따라 달라진다. 동쪽 비행은 서쪽보다 시차 증후군이 심해진다. 거리가 같더라도 동쪽이 시차 증후군을 회복하는 데 50% 정도 더 걸린다. 여행 5일 전부터 생체 시계 조절이 필요하지만 당연히 시간이 없을 터. 그렇다면 기내에서 시차를 감안한 수면 조절을 해야 한다. 도착하는 시간대가 아침이라면 필히 잠을 푹 자 두는 게 좋다. 빛에 민감하다면 안대를 하고라도 자야 한다는 비장한 각오(?)가 필요하다.

토마토 주스는 비행기에서 먹어야 가장 맛있다?

짬뽕이냐, 자장면이냐. '중국음식 1순위 고민'이다. 이런 골칫거리가 항공기 내에도 등장한다. 음료를 선택할 때다. 오렌지 주스는 선뜻 손이 가지 않는다. 그냥 물을 마시자니 본전 생각이 난다. 이럴 때 후회 없는 선택이 있다. 바로 토마토 주스다.

최근 독일 프라운호퍼 건축물리학연구소(IBP)가 내놓은 연구 결과니 믿어도 좋다. 이 연구에 따르면 토마토 주스가 고도 3만 2,000피트(약 9,600m) 상공에서 가장 절묘한 맛을 낸다는 것. 장거리 비행에서 승객이 블러디 메리 칵테일이나 얼음을 채운 토마토 주스를 가장 많이 찾는다는 항공기 승무원들 주장을 입증하는 결과이기도 하다.

실험 과정도 흥미롭다. 연구팀은 피실험자 100명을 중거리 점보제트기에 탄 것과 같은 기내 압력인 고도 약 8,000피트 상공 공기압에서 호흡하게 한다. 길이 16m인 실물 크기 에어버스 A310-200 모형인 이 시뮬레이터에서 피실험자들은 대기 중 실제 항공기에서 경험하는 것과 같은 공기압을 느낀다. 연구팀은 기내 공기압, 습도, 온도, 기체온도, 조명, 음향도 실제처럼 재현했다.

피실험자들이 가장 많이 찾은 음료는 단연 토마토 주스. 연구팀이 내린 결론은 이렇다. 기내 공기압이 낮아지면 소금, 설탕, 토마토 맛에 대한 인간 미각이 예민해진다는 것. 지상에서는 거의 드문 현상이다. 이 연구는 독일 루프트한자항공이 의뢰해 진행된 것이다. 묘한 것은 공기압이 낮아지지 않은 상황에서 실시된 비교연구에서는 토마토 주스 인기가 없었다는 점이다.

흥미로운 결과는 또 있다. 일부 음식은 공기압이 낮아진 상황에서 더 맛있어진다는 것. 기본 기내식인 '닭고기나 생선'보다는 '아시아 요리'가 더 맛을 내고, 닭고기나 생선은 기내에서 상대적으로 싱겁게 느껴진다는 분석이다.

신맛이나 쓴맛은 기내 공기압에 의해 거의 영향을 받지 않는다는 것도 상식이다. 텁텁한 기내식에 신물이 난 비즈니스맨들, 그나마 나은 게 토마토 주스와 아시아 요리라는 것 꼭 알아 두시길.

테마 해외여행 ⑧

죽기 전에 꼭 한 번, 하버브리지 꼭대기를 걸어 보라

호주 시드니. 시드니를 맛있게(?) 버무려 먹을 수 있는 환상의 여행 레시피가 있다. 메인 요리 코스는 하버브리지. 여기에 134m 다리 꼭대기까지 오르는 '아찔함의 종결자' 클라이밍 프로그램 양념을 톡톡 털어 넣는다. 디저트는 다리 정상에서 맛보는 시드니 하늘의 상큼한 바람. 군침이 꿀꺽 넘어간다면 바로 달려가시라.

세계적 스타들이 올랐던 다리

퀴즈부터 풀고 가자. 영화배우 윌 스미스, 니콜 키드먼, 맷 데이먼, 캐머런 디아스, 로버트 드니로, 피어스 브로스넌. 여기에 영국의 해리 왕자까지. 이름만 들어도 '아' 소리가 나오는 이 유명인들의 공통점은 뭘까. 지면 사정(?)상 정답부터 알려 드린다. 하버브리지 다리 꼭대기 위를 걸었다는 것. 사실 현장에서 보면 뭐, 특별할 것도 없다. 생긴 건 꼭 서울 한복판 한강 철교급인데, 이 다리, 시드니, 아니 전 세계에서 여행 좀 한다는 여행 고수들에겐 '버킷 리스트'로 꼽힌다.

하버브리지가 완성된 건 1932년. 80년 이상이 된 셈이다. 세계에서는 네 번째로 긴 아치형 다리로 통한다. 시드니 주민들은 오래된 옷걸이를 닮았다고 '올드 코트 행어(old coat hanger)'라 부른다. 높이는 134m, 너비는 49m다. 총길이 약 1.15km. 총 4개 교각이 이 육중한 다리 상판을 떠받친다.

남동쪽 교각엔 명물 '파일론 전망대(Pylon Lookout)'가 있다. 클라이밍이 끝나면 이곳엔 꼭 들러 봐야 한다. 시드니만이 품고 있는 오페라하우스와 시드니 시가지를 한눈에 담을 수 있어서다. 물론 문제는 있다. 이 전망대에 오르려면 '마의 200계단'을 올라야 한다. 각오 단단히 하자. 다리에 박히는 알만큼이나 감동은 크기 때문이다.

300만 명 도전한 클라임

하버브리지의 하이라이트는 역시 클라임이다. 시드니가 하버브리지 클라임을 생각해 낸 것은 1998년. 벌써 15년이 넘은 이색 익스트림 스포츠다. 지금까지 이 클라임에 도전한 사람들의 숫자만 300만 명. 이 아찔한 꼭대기까지 가는 프로그램은 모두 세 가지다. 다리 가장 높은 곳은 해발 134m를 찍고 돌아오는데, 현장에는 노련한 가이드가 함께한다.

가장 평범한 기본 코스는 하버브리지를 둘러싼 철근 외곽을 따라 다리 정상을 정복하는 '브리지 클라임(The Bridge Climb)'이다. 쉽게 말해 왕초보 코스. 그래도 우습게 보다간 큰코다친다. 외곽을 따라 돌기는 하지만 아래로 입을 쩍 벌리고 있는 시드니 앞바다의 살벌함, 차라리 말을 말자.

아치 내부로 들어가 다리 정상으로 오르는 코스부터가 중급자 이상 코스다. '디스커버리 클라임(The Discovery Climb)'이라는 이름처럼 구석구석을 둘러본다. 아예 기자처럼 고소공포증과, 걷기 혐오증이 있는 분들을 위한 '익스프레스 클라임(The Express Climb)'도 있다. 맛만 보고 돌아오는 코스지만 시간은 최고 2시간 이상 소요된다. 한 번에 12명이 출발한다.

다리 오르는 게 뭐 대수냐고 하시겠지만, 해 보면 이거 은근히 재밌다. 살벌한 난간에 오르면 솔솔 시드니만 바다 냄새가 코를 간지럽힌다. 거의 5분 간격으로 다리 위를 지나는 전철을 보는 맛도 색다르다. 체험에 드는 비용은 우리 돈 30만 원 선. 놀랍게도 이 코스 예약은 늘 2개월 이상 밀려 있다. 긴 역사만큼 이색 기록도 많다. 최고령 하버브리지 등반객은 1999년 7월 6일 100세 나이로 오른 크리스 멀러 씨. 다리 난간 위에서 뜬금없이 든 생각 하나. 대한민국에서 한강철교 오르는 데 30만 원 받는다고 하면 과연 오를 사람, 몇 명이나 될까.

 여행 Tip

하버브리지 클라임(www.bridgeclimb.com)은 공식 사이트에서 예약하면 된다. 등반은 해 뜰 무렵, 낮, 해 질 무렵, 밤 등 4가지 시간대를 골라 출발한다. 요금은 시간대에 따라 198~348호주달러 선.

테마 해외여행 ⑨

시드니 골목길 따라 구석구석 선술집 투어

'장소: 록스가(街) 캐드맨스 오두막, 접선 요원: 사이먼, 시간: 오후 5시 30분.' 주어진 정보는 딱 세 개다. 쿵쾅쿵쾅, 심장이 뛴다. 이거 야말로 '미션 임파서블(영화)'이다. 째깍째깍. 시간은 흐른다. 5시 29분 24초. 초읽기다. 30여 초 안에 일단 사이먼부터 찾아야 한다. 이단 헌트(톰 크루즈)의 칼날 눈빛으로 주변을 훑는다. 기자가 서 있는 곳은 록스(The Rocks). 시드니 상징 하버브리지의 서큘러 키(Circular Quay)에서 불과 5분 거리다. 록스는 200여 년 전 이곳에 유배된 죄수들이 바위(rock) 위에 마을을 세웠다고 붙여진 지명이다. 당연히 호주 현대사가 열린 곳이다.

평범한 인상의 금발 아저씨가 접근한다. 등줄기에 흐르는 서늘한 느낌. 순간, 육감이 발동한다. 이 사람, 사이먼이다. "You?(당신이?)" 말이 끝나기도 전에, 답변이, 일격 필살, 칼날처럼 귓전을 찌른다. "하이, 코리안 가이(Korean guys)." 미션 클리어(mission clear, 임무완수)다.

이역만리 호주 하고도 시드니에서, 극적으로 접선에 성공한 사이먼은 록스 펍(pub) 투어 안내를 맡은 요원, 아니 가이드다. 낮엔 연극 배우, 밤엔 펍 투어 가이드로 투잡을 뛰신단다. 맞다. 지금부터 시작할 투어의 작전명, '펍 투어'다. 쉽게 얘기하자면 이런 거다. 록스 지역 뒷골목 구석구석에 숨겨진, 오랜 역사의 '펍(pub, 선술집)'만 골라서 찾아가는 이색 투어다.

출발지는 접선 장소(?)인 캐드맨스 오두막이다. 1816년 지어진 캐드맨스 오두막(Cadman's Cottage)은 시드니에 현존하는 가장 오래된 집이다. 역사만 200년이다.

이곳을 시작으로 하버브리지 아래 골목 구석구석을 따라 환갑쯤 훌쩍 넘긴 낡은 펍들이 20곳 이상 줄지어 있다. '작전명 펍 투어'에 대한 사이먼의 설명이 이어진다. "골목 구석구석을 둘러볼 거다. 각 펍에선 맥주 한잔과 간단한 스낵이 공짜. 당연히 만 18세 미만의 청소년이나 어린이는 참가할 수 없다. 시드니의 밤을 제대로 맛볼 수 있는 최고의 투어에 오신 걸 환영한다."

아닌 게 아니라 끝내준다. 골목 구석구석 숨겨진 역사의 펍을 돌며, 직접 현지인들과 몸으로 만난다. 가이드북의 역사 말고, 생생한 현장의 스토리도 줄줄이 쏟아진다. 예컨대 이런 보석 같은 팁. 이 지역 붉은 벽돌 건물은 1850년에 지어졌으니, 이전 연도를 단, 'Fortune of

War 1828' 같은 펍은 '짝퉁'이라는 거다.

 첫 번째 펍은 머컨타일 호텔(The Mercantile Hotel). 이곳 현지인들의 퇴근 시간은 보통 오후 5시다. 저녁 6시 전인데도, 펍 안이 벌써 북적인다.
 사이먼은 전통 아이리시 맥주가 으뜸이라고 권했지만 기자의 선택은 흑맥주. 다시, 이단 헌트의 눈빛으로 적들을 한 방에 초토화할 수 있는 '폭탄주(Bomb Beer)'란 게 있다며 제조방법을 일러주자 "와우, 와우" 하며 사이먼이 기겁을 한다.

 두 번째 펍은 히어로 오브 워털루(Hero of Waterloo). 록스에선 꼭 들르는 올드 스타일의 펍이다. 거꾸로 걸린 와인잔, 홀 중앙의 오크통. 역시 범상치 않은 내공이 느껴진다. 뒤집힌 오크통은 테이블로 쓴다. 여기선 시드니의 맥주로 불리는 '투히(Toohey)'를 맛볼 차례. 톡 쏘는 느낌이 일품이다.

 마지막 코스가 백미다. 시드니 록스에서도 가장 높은 곳에 위치해 조망까지 으뜸인 오스트레일리안 호텔(Australian Hotel)의 펍이다.

하버브리지와 오페라하우스를 한눈에 품을 수 있는 최고의 전망 명소 '시드니 천문대'가 지척이다. 볼이 불그스레 물든 사이먼이 손가락으로 가리킨다. 그 끝에 하얗게 불을 밝힌 하버브리지가 은은한 자태를 뽐내고 있다. 이어지는 사이먼의 혀 꼬인 소리. "니콜 키드먼, 로버트 드니로, 피어스 브로스넌 같은 유명 배우들이 모두 저기(하버브리지)서 클라이밍을 했어."

3시간여 이어진 '펍 투어 작전'을 마무리하고 헤어지려는 찰나, 사이먼의 입이 오싹하게 열린다. 펍 투어만큼이나 시드니 속살을 제대로 볼 수 있는 투어가 유령 투어(Ghost Tour)란다. 앙증맞은 랜턴 하나만 들고 골목골목 좁은 길을 누비며 살벌한 과거사를 듣는 거라는데. 사법 경찰 박물관 같은 곳엔 예전 미결수들의 유치장이 그대로 보존돼 있다는 거다. 그러곤 기자의 귀에 속삭인다. "그 원귀(Ghost)가 아직도 아장아장 골목길을 걷고 있어. 그 뒤에… 거기… 왁(Wak~~~KKKKKK)."

아, 술 다 깼다. 얄미운 사이먼 아저씨, 놀라게 하는 스타일은 어째 호주가 아니라 한국식이냐고.

• The Rocks pub tours
저녁, 현지 가이드와 함께 록스 지역의 골목 펍을 돌며 생생한 시드니 속살을 경험한다. 선술집에서 마시는 맥주 맛, 끝내준다. 단, 경고한다. 유령 투어를 이어서 하진 마시라. 술 확 깨실 테니.

• Bikescape
시드니와 인근 지역을 자전거로 돌아본다. 자유 여행도 있고 맞춤형도 있다. 이거 제대로다. 꼭 한번 경험해 보시라. www.bikescape.com.au

• Blue thunder motorcycle tours
할리데이비슨 뒷좌석에 앉아 중심가를 속속들이 돌아보는 바이크 투어. 할리인데 뒷좌석인들 어떠리. www.bluethunder.com.au

• Easyrider motorbike tours
할리데이비슨 바이크를 타고 하버브리지를 지난다. 15분 동안이지만 잊지 못할 짜릿함을 선사한다. www.easyrider.com.au

• Sydney architecture walks
건축가가 안내하는 도보투어. 해설을 들으며 시드니 경관을 감상하는 이색 코스. www.hht.net.au

• The Rocks ghost tours
사이먼이 그렇게 가자고 유혹했던 유령 투어. 록스(The Rocks) 지역의 유령이 출몰하는 집들만 돌아본다. 그것도 야밤에. 심장 쫄깃한 거, 즐기시는 분들껜 강추. www.ghosttours.com.au

04

여행 고수들만 아는
환전과 면세 쇼핑 팁

아줌마 부대들을 위한 편. 정말이지 고수들도 꼭꼭 숨기는 환전과 면세 쇼핑 노하우들이다. 대한민국 여행객들의 공통점 한 가지, 환전 우습게 본다는 거다. 아니다. 가랑비에 옷 젖는 게 바로 환전이다. 100만 원 환전에 은행마다 3만 원 정도씩 차이가 난다면 그 중요성이, 피부에 와 닿는가. 환율에 따라 쇼핑 노하우가 달라져야 하는 비법도 이참에 알아 두시라. 원화 강세기에는 기내보다 면세점을 이용하는 게 훨씬 나은 선택이라는 것, 알고 계신다면 당신은 여행 고수임에 틀림없다. 요즘엔 모바일 면세점도 생겨났다. 마지막 꼭 알아 둬야 할 노하우 한 가지 더. 해외에서 쇼핑 실컷 하고 돌아오는 길에 인천공항에서 한도 초과분을 신고할까, 말까, 하는 선택. 뭐든지 정도를 걸어야 하는 법이다. 자진 신고하는 편이 마음 편하고, 돈 절약하는 팁이라는 거, 꼭 알아 두시라.

해외여행 환전의 비법

 환전. 이거 골칫거리다. 돈 바꿀 때마다 은행에 줘야 하는 '환전 수수료', 무시하다간 큰코다친다. 현금 100만 원, 서너 번만 다른 나라 돈으로 바꿔도 앉은 자리에서 10만 원 훌쩍 날아간다.

 환전 수수료 확 줄이는 비법, 간단하다. 여행 고수들만 알고 있는 '주·동·미·사' 공식만 외우면 된다.
 우선 '주'. 쉽게 말해 주거래 은행 환전이다. 이게 가장 싸다. 은행마다 우수 고객이나 급여통장 개설자 우대 제도가 있으니 수수료 뚝 깎인다. 주거래 은행에 우대 여부와 우대율을 미리 체크하면 끝.
 다음은 '동'이다. 번거롭더라도 지폐 대신 동전으로 바꾸는 거다. 놀랍지만 이럴 땐 30% 이상 싸게 환전이 가능하다. 이유? 간단하다. 은행들은 외국 동전을 따로 수출입하지 않는다. 대신 여행객들에게 저렴하게 판매한다. 매매 기준율의 70% 정도면 된다. 중요한 건 사전 확인이다. 은행 재고를 미리 확인한 뒤 방문하면 된다. 주의할 것 한 가지. 그 동전, 여행 끝난 뒤 다시 들고 오면 우리 돈으로 사실상 '환전 불가'라는 걸 알아야 한다. 환전한 동전을 여행 후 되팔 경우 매매 기준율의 50% 정도 금액밖에 돌려받지 못해서다.

그 다음 '미'. 미리미리의 줄임말이다. 서두르는 게 가장 낫다.

마지막 요령이 '사'다. '사이버 환전'의 첫 글자를 따온 것이다. 다시 말해 오프라인 영업점보다는 사이버 환전이 훨씬 싸다는 의미다. 주거래 은행이 아니더라도 인터넷, 스마트폰을 통해 환전하면 수수료를 최대 70%까지 아낄 수 있다.

'주·동·미·사' 공식이 어렵다면 딱 한 가지만 기억해 두면 된다. 환전 수수료, '거리 반비례의 법칙'이다. 공항과 거리가 가까울수록 수수료가 비싸지고, 반대로 공항에서 멀어질수록 수수료가 싸진다는 의미다.

미루고 미루다 결국 인천공항에서 돈 바꾸고 떠나는데, 이거 손해다. '주·동·미·사' 기억하시라.

여행 고수들만 아는
환전과 면세 쇼핑 팁

원화 강세 돈 버는 환전 비법

 달러화에 대한 원화 강세 기조가 매섭다. 그럴 때 스마트한 여행 고수들은 '원화 강세기 전용 여행 비법'을 챙긴다.

 우선 환전 비법. 당연히 원화 강세기, 환율 하락기엔 달라진다. 원화 강세기 환전 비법 으뜸 원칙은 무조건 원화를 가지고 있어야 한다는 것. 그러니 1차로 해야 할 일이 갖고 있는 달러, 서둘러 팔라는 거다. 하루가 다르게 원-달러 환율이 떨어지니 보유하고 있는 만큼 손해가 날 수 있다. 해외여행이 끝났을 때도 마찬가지다. 귀국 즉시 가장 가까운 은행으로 달려가 남은 달러를 원화로 바꿔야 한다.
 반대로 해외여행을 갈 때는? 당연하다. 최대한 환전 시기를 늦춰 잡아야 한다. 그렇다면 인천공항에서 출발 직전에 바꿔야 하냐고? 이치상으로는 맞지만 인천공항은 환전 수수료가 비싸다. 그러니 집에서 아니면 회사에서 가장 가까운 주거래 은행에서 해외여행 하루 전에 달러화를 사는 게 가장 현명하다.

물론 원화 약세기, 달러 강세기라면 지금까지 한 원칙을 정반대로 행하면 된다.

간단히 정리해 보자. 원화 강세기라면 달러를 무조건 버려야 한다는 것. 원화를 최대한 오래 보유해야 한다는 거다.

원화 강세기엔 돈 버는 '신용 카드 사용법'도 있다. 원화 강세기 쇼핑법 제1원칙이 약어로는 '원강카'다. '원'화 '강'세기 해외 쇼핑 땐 '카'드를 쓰라는 의미다.

해외에서 신용 카드를 이용해 가맹점 물건을 구입하면 카드회사(또는 은행)는 가맹점의 물품 대금 결제 요구에 따라 가맹점에 달러로 먼저 결제한 후 국내 은행에 결제를 요구한다. 이때 유격(기간 차이)이 발생한다. 짧게는 일주일 이내, 길게는 열흘 이상이 걸리기도 한다. 통상은 물건 구입 시점부터 청구 대금 환율이 확정될 때까지 최소 나흘 정도가 걸린다. 물건 매입 시점에서 4~5일이 지난 후 환율이 적용되니 당연히 이 기간에 환율이 급락한다면 카드 사용자는 적은 돈을 추가로 지불하게 되는 셈이다.

혹시 해외여행 뒤 다시 달러를 곧 사용해야 한다면 어떻게 해야 할까. 바꾸고 또 바꾸면 수수료만 날아간다. 이럴 땐 '외화예금통장'을 활용하는 게 돈 버는 비법이다. 환율이 크게 하락하지 않는 한 환전하지 말고 그대로 외화예금통장에 입금하는 게 유리하기 때문이다. 이유? 간단하다. 환율 하락에 따른 손실보다는 달러화를 살 때 적용되는 수수료 부담이 더 클 수 있어서다. 일반적으로 은행에서 달러를 사거나 팔 때 기준 환율에 붙는 수수료는 약 1.9%다. 달러를 샀다가 되팔면 매입 금액 3.8%에 해당하는 수수료를 추가로 내야 한다. 배보다 배꼽이 더 클 수 있다.

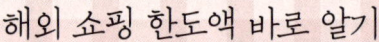

해외 쇼핑 한도액 바로 알기

외국 여행 중 가장 궁금한 것 중 한 가지. 도대체 얼마를 긁을 수 있느냐, 바로 '쇼핑 한도액'이다. 요즘 확 달라진 것 중 하나도 이 한도액이다.

우선 한도 총액부터 알고 계시라. 외국 면세점이나 백화점에서 쓸 수 있는 상한선, 분기당 500만 원이다. 이 액수를 넘는 명품, 몰래 들여오면 추후 관세청의 추적을 받게 된다. 여러 차례 나눠 결제한다면? 역시 빠져나갈 구멍 없다. 바로 관세 포탈 여부를 조사받는다.

사실 이게 가장 크게 달라진 거다. 2013년까지 절차는 이랬다. 외국에서 연간 1만 달러 이상 신용 카드를 사용했을 때만 관세청으로 자료가 넘어갔다. 2014년은 다르다. 분기별 기준이 적용되고, 사용 상한선도 5,000달러(약 530만 원)까지다. 이 이상 쓰면 자동으로 관세청에 정보가 넘어간다. 2014년 1월 관세청법 개정에 따른 것이다.

만약 2014년 1월부터 3월 사이에 외국에서 이 한도 이상을 카드로 썼다면? 마찬가지다. 5,000달러 이상 카드로 결제했거나 현지 화폐로 인출했다면 사용자 정보와 결제 내용이 4월 중 관세청에 통보된다.

뭐든 처음이 엄격한 법이다. 관세청 역시 칼을 갈고 있다. 1분기 국외 신용 카드 고액 결제 현황을 통보받으면 그 과정에서 여행자를 선별해 관세 누락, 수입가격 저가 신고 여부 등을 정밀 검증한다는 방침이다.

예컨대 이런 때 딱 걸린다. 20만 달러어치 상품을 들여오면서 관세를 줄이기 위해 세관에는 수입가를 10만 달러로 신고한 뒤 외국에서 현지 화폐를 인출해 나머지를 결제했을 때다. 이거, 관세포탈 혐의, 바로 적용된다.

국외 쇼핑 한도액과 헷갈리는 것도 있다. 면세 한도와 면세점 구매 한도다. 면세점 구매 한도는 국내 면세점에 적용되는 것이다. 내국인 1인당 3,000달러까지 사용 한도, 즉 구매 상한선을 정해 놓은 제도다. 역시 무분별한 과소비를 억제하기 위한 일환이다.

면세 한도는 당연히 개념 자체가 다르다. 국내외 어느 면세점에서든 구입처를 불문하고 귀국 시 1인당 400달러까지만 면세를 허용하는 것을 말한다. 당연히 면세에 대한 개념도 달라진다. 면세점 구매 한도 때 '면세'라는 말은 부가가치세 등을 면제해 주는 것이다.

귀국 시 면세 한도에서 이 면세는 '관세 면제'를 뜻한다. 면세점 구매 한도 내에서 전액 면세된다고 판단하는 게 가장 잦은 오해다. 이 때문에 면세 한도 초과분에 대해 자진 신고하지 않는 사례가 많다. 한도 초과분을 신고하지 않으면 30% 가산세를 포함한 관세를 부담해야 한다는 것, 이 역시 잊지 마시라.

뭐든, 첫 시행, 시범 케이스로 걸릴 때가 가장 살벌하고 엄하다. 법망, 잘 알아 둬야 합법적으로 피해갈 수 있다.

여행 고수들만 아는
환전과 면세 쇼핑 팁

면세 쇼핑의 기술

 신용 카드를 쓸까, 환전한 현금을 쓸까. 이거 헷갈린다. 해외에 나갈 때마다 애매하다. 이참에 딱 정리하고 가자. 카드를 쓸지, 현금을 쓸지, 기준이 되는 건 환율이다. 머리 아프게 웬 환율 얘기냐고? 어쩔 도리가 없다. 머리 나쁜 기자도 외우고 다니는 거니, 독자 여러분도 이해하시라.

 원화 약세, 환율 상승기. 간단하다. 이때는 해외에서 하는 쇼핑, 무조건 환전한 현금으로 해야 한다. 카드로 물건을 사면, 대금 청구 시점이 구매일로부터 짧게는 이틀, 길게는 열흘까지 걸린다. 당연히 환율, 오르는 만큼 앉아서 손해를 본다. 여기에 해외에서 카드를 쓸 때 나가는 사용 수수료(이용금액의 1~1.3%)까지 덤으로 줘야 하니 이중으로 손해다. 외우기 어렵다면 이렇게 기억하시라. '원약현'. 원화 약세에는 현금이라는 뜻이다.

원화 강세, 환율 하락기엔 반대다. 무조건 카드를 쓰는 게 낫다. '원강카(원화 강세는 카드)'로 외우시라.

이것만큼 헷갈리는 게 또 있다. 면세점이 싼지 기내가 싼지, 매번 고민이다. 이럴 때 역시 해답은 환율에 있다.

먼저 원화 약세, 환율 상승기. 이때는 면세점이 아니라 기내(비행기) 쇼핑이 낫다. 일반 항공사들은 면세품 가격에 적용하는 환율을 그 직전 달의 원-달러 환율 금액을 기준으로 책정한다. 9월 판매 제품이라면 8월 말 정해 놓은 환율이 기준이 되는 거다. 당연히 환율 오르는 폭만큼 싸게 살 수 있는 셈이다.

반대로 원화 강세, 환율 하락기에는 면세점으로 달려가시라. 기내에서 사면, 환율 차액분만큼 손해다.

잊을 뻔했다. 무조건 기내 쇼핑이 싼 품목이 하나 있다. 그게 주류다. 술을 선물하고 싶다면, 면세점이 아닌 기내에서 사야 한다는 것, 명심하시라.

원화 강세 때 쇼핑 기내보다 면세점을

원화 강세 시대, 바꿔 말하면 환율 하락 시대. 이럴 땐 몇 가지 쇼핑과 환전 요령만 알아도 여행 비용을 꽤 줄일 수 있다.

우선 해외여행의 영원한 골칫거리 환전. 원화 강세 시대에는 당연히 출국 직전까지 최대한 환전을 늦추는 게 도움이 된다. 현지에 가서는 필히 현금보다 신용 카드를 쓰는 게 유리하다. 신용 카드 대금은 구입 시점이 아니라 매장, 즉 가맹점에서 금융회사로 청구하는 시점의 환율이 적용된다. 청구 시점은 가맹점에 따라 달라지지만 대개 구매일로부터 짧게는 1~2일, 길면 일주일 정도다. 환율 하락이 지속된다면 그 기간 원화가치 상승분만큼 이득을 볼 수 있는 셈이다. 물론 신용 카드를 쓰면 이용금액의 1~1.3% 정도의 해외 사용 수수료 부담이 따르는 수도 있다. 환율 하락분이 카드 해외 사용 수수료보다 더

낮다면 출국 전에 환전하는 게 더 나을 수 있다. 미리 따져 봐야 새는 돈을 막을 수 있다.

환율 하락기는 당연히 기내 쇼핑은 자제하는 게 좋다. 대한항공이나 아시아나는 면세품 가격을 이전 달의 원-달러 환율 기준으로 책정한다. 7월 판매 제품이라면 6월 말 정해 놓은 환율이 기준이 된다는 의미다. 지속적으로 환율이 내리는 시기라면 환율 업그레이드가 실시간으로 되는 면세점을 이용하는 편이 훨씬 낫다.

해외여행이 잦다면 외화예금을 들어 두는 것도 좋다. 이를 통해 달러를 분할해 사 두면 된다. 이후 환율이 다시 급격히 오르더라도 놀라지 않고 대처할 수 있다. 환율이 낮은 시점에 매수해 두거나 여행과 출장 후 남은 외화를 입금해 두었다가 필요할 때마다 꺼내 쓸 수도 있다. 외화예금은 환차익과 함께 이자 수익까지 챙길 수 있고 환전 수수료 할인 등 부가혜택도 제공한다. 외화예금은 미국 달러, 일본 엔화, 유로화 등 다양한 통화로 예치할 수 있다. 최고의 환테크다.

환율 오를 때 쇼핑은 면세점보다 기내서

원화 하락세가 심상치 않다. 바꿔 말해 환율이 상승하는 때다. 환율 상승기와 하락기, '여행 기술'도 180도 달라야 한다.

외국 현지에선 현금을 쓰는 게 이익이다. 바꿔 말해, 카드를 그어 대는 만큼 손해다. 신용 카드는 구입 시점이 아니라 매장, 즉 가맹점에서 금융회사로 청구하는 그 시점 환율이 적용된다. 청구 시점은 구매일로부터 짧게는 1~2일, 길면 일주일 정도 이후다. 환율 강세가 이어진다면 그 기간 환율 오름폭만큼 손해인 셈이다. 더욱이 신용 카드엔 국외 사용 수수료가 따라 붙는다. 이용 금액 대비 1~1.3% 정도나 된다. 이중으로 손해를 감수해야 한다는 얘기다.

원화 약세 시대에는 쇼핑 기술도 달라져야 한다. 면세점 쇼핑보다 기내 쇼핑이 훨씬 현명한 방법이다. 일반 항공사들은 면세품 가격에 적용되는 환율을 그 직전 달 원-달러 환율 기준으로 책정한다. 7월 판매 제품이라면 6월 말 정해 놓은 환율을 기준으로 한다는 의미다. 환율 상승분만큼 싸게 살 수 있는 셈이다. 특히 일반 면세점들은 환율 업그레이드가 실시간으로 진행되니 기내 쇼핑이 가장 나은 선택이 될 수 있다.

외화 선불카드를 이용하는 것도 현명한 방법이다. 외화 선불카드는 미리 달러를 산 뒤 그 금액만큼을 적립해 쓰는 카드다. 환율이 적절한 시기에 일정 금액을 미리 적립해 두면 환율 변동기에 이만큼 유용한 환테크가 없다.

모바일 면세점 스마트 이용법

트렌드는 바뀐다. 스마트폰이 대세인 시대, 이젠 면세 쇼핑도 '모바일'이다. 노하우 역시 일반 면세점과는 차원이 다르다. 알아 두면 거품을 쏙 뺄 수 있는 모바일 면세 쇼핑 노하우, 이참에 정리해 두자.

애플리케이션(앱)을 설치하라

모바일 면세점, 실로 다양하다. 롯데, 신라, 동화, 신세계 등 모든 면세점이 '모바일' 서비스를 제공한다. 일단 앱부터 까시라. 쇼핑 방식도 바꾸는 게 좋다. 오프라인 면세점에서처럼 굳이 쓸어담기를 하지 않아도 된다. 손끝으로 하는 쇼핑이니 항목별 면세점 혜택을 비교해 보는 게 당연히 유리할 터. 찾는 방식도 유사하다. 면세품 인도장에서 직원에게 여권만 보여 주면 끝. 종이로 된 교환권을 두고 올까 신경

쓰지 않아도 된다.

신규 가입 혜택이 보너스

오프라인 매장에선 볼 수 없는 모바일 면세점만의 보너스, 신규 가입 혜택이다. 기본 5,000원의 적립금을 포함해 각종 쿠폰을 준다. 특히 회원 가입 후 첫 구매 고객만 사용할 수 있는 할인 쿠폰은 적지 않은 금액이다. 롯데, 신라, 신세계, 동화면세점 등 거의 모든 면세점에서는 가입 연도와 관계없이 온라인 또는 모바일 면세점 가입 후 구매 및 인도 내용이 없는 회원에게 30달러 쿠폰을 증정한다.

출국일 2개월 전부터 쇼핑

인터넷 혹은 모바일 면세점 이용은 출국일 기준 2개월 전부터 가능하다. 면세점별로 매일, 특정 시간 접속 이벤트를 진행하는 곳이 많으니 꼭 챙겨 두실 것. 롯데 모바일 면세점의 경우 100% 적립금 당첨 복불복 게임도 있다. 300원에서 최대 5,000원까지 적립금이나 선물 등을 복불복으로 지급한다.

모바일 전용 적립금을 챙겨라

모바일 면세점의 최대 혜택. 모바일 전용 적립금이다. 거의 모든 모바일 면세점에서 모바일 전용 적립금 3,000원을 추가로 적립해 준다. 신라면세점을 볼까. 신규 가입 고객에게 5,000원, 출국일 입력 고객에게 1만 원씩을 적립해 준다. 여기에 전 회원에게 주는 위클리 적립금 1만 원을 모두 더하면 총 2만 8,000원의 적립금을 만들 수 있다.

적립금에도 유효기간이 있다

모바일 적립금에는 유효기간이 있다. 롯데와 신라 등에서 매주 1만 원을 적립해 주는 위클리 적립금은 유효기간이 일주일로 매우 짧다는 것을 염두에 둘 것. 대부분 적립금 유효기간도 한 달을 넘지 않는다. 쌓이는 즉시 써야 한다.

출국 3시간 전까지 쇼핑

인터넷과 모바일 면세점의 가장 큰 장점 중 하나는 출국 3시간 전까지 구매가 가능하다는 것. 롯데와 신라 모바일 면세점은 당일 출국 고객을 위한 카테고리가 별도로 있어 공항 가는 길에도 쇼핑을 할 수 있다. 인천공항에서 출국할 경우 3시간, 김포공항에서 출국할 경우는 5시간 전까지다.

면세 쇼핑 자진 신고 FAQ

최근 면세 쇼핑 한도가 높아지면서 쇼핑 열기가 뜨겁다. 하지만 그래도 '한도 초과'는 피할 수 없는 유혹이다. 이럴 땐 당연히 입국 과정에서 초긴장이다. 걸릴까, 말까. 자진 신고를 할까, 말까. 그래서 준비한다. 면세 쇼핑 자진 신고와 관련한 FAQ(자주 묻는 질문).

입국 때 검사 대상자는 어떻게 선별할까?

가장 궁금한 넘버원 질문이다. 왜 하필 나만 걸릴까. 누구나 한 번씩 당하는 일이다. 세관에선 X선 분석, 사전 선별(미리 정보 분석), 문형 금속 탐지, 여행자 동태 감시, 신고서 접수 직원 인터뷰를 통해 검사 대상자를 선별한다. 면세점에서 물건을 살 땐 누구나 제출하는 게 비행기 티켓이다. 한도를 초과하면 자동으로 세관에 통보된다.

자진 신고가 나을까, 적발되는 게 나을까?

또 하나 궁금한 게 세금 차이다. 자진 신고 때가 쌀까, 아니면 적발되고 물 때가 쌀까. 자진 신고 세율은 대부분 20%다. 다만 관세 포함 200만 원이 넘는 가방, 시계는 개별소비세가 추가된다. 통관 검사 때 적발이 되면 일반적인 세금(20%)에 가산세(납부할 세금의 30%)가 붙는다. 자진 신고로 세금 50만 원을 내야 한다면, 모른 척했다 걸렸을 때 65만 원을 내야 한다는 얘기다. 자수해서 광명 찾자.

압수당하기도 한다

'고의성'이 있다면 더 큰일을 당할 수 있다. 밀수입 행위로 통고 처분되는 것이다. 이럴 땐 세금 대신 벌금을 낸다. 벌금은 일반 관세액의 10배 또는 해당 물품의 원가 중 높은 금액의 20%에 해당하는 금액이다. 당연히 그 물품, 국가에서 압수한다. 이는 절대, 돌려받을 수 없다.

FTA(자유무역협정)가 체결된 나라는 어떨까?

당연히 싸다. 입국 때 FTA 협정 세율을 적용받는다. 한-EU FTA는 구매 물품 가격이 1,000달러 이하면 구매 영수증과 원산지 표시 확인 후 협정세율을 적용해 준다. 유럽에서 들여오는 가방은 협정 내용에 따라 0~2%까지 낮아지기도 한다. 물론 할인율은 품목별로 다르다. 사전에 관세청 고객상담센터(1577-8577)로 문의하면 미리 확인해 볼 수 있다.

블랙리스트는 있을까?

또 하나 궁금한 것. 과연 입국 때마다 '당첨'되는 블랙리스트가 있을까 하는 점이다. 당연히 있다. 범죄와 관련이 있거나 가능성이 있는 여행자, 과거 '전과'가 있는 여행자는 1순위다.

명품 가방이 부과 1순위?

X선 검사에서 가장 눈에 잘 띄는 게 가방과 의약품이다. 마약류, 총

포, 도검류도 딱 걸린다. 인천공항 세관이 작년 잡아낸(?) 블랙리스트 순위를 보면 1위가 가방이다. 2위는 의약품. 그러니, 이 두 가지를 몰래 들여오려 했다면 포기하시는 게 낫다.

면세점 구매 한도와 면세 한도는 다르다

면세점 구매 한도와 면세 한도는 다른 개념이다. 내국인의 면세점 구매 한도는 3,000달러까지다. 이 중 면세 한도가 최근 400달러에서 600달러로 상향 조정된 것이다. 당연히 3,000달러에서 600달러를 뺀 나머지 2,400달러에 대해서는 세금을 내야 한다. 알아 두시라.

테마 해외여행 ⑩
하와이 여행

당신이 알고 있는 하와이는 잊어라

"그래요? 그럼, 경비행기로 둘이서 하와이 여행 어때요?"

'터뷸런스(이상기류)'만큼이나 뜬금없는 제안이었다. 하와이 하늘을? 그것도 경비행기로? 세상에! 게다가 이 뜬금포 제안을 내놓은 이는 85년 전통을 자랑하는 하와이안항공 최고경영자인 마크 던컬리였다.

사연인즉 이랬다. 하와이 현지에서 어렵게 성사된 CEO 인터뷰 자리였고, 주제가 자연스럽게 취미 얘기로 흘러 버렸다. 그런데 아뿔싸! 공교롭게 마크와 기자의 취미가 같았다. 경비행기 조종. 게다가 기자가 CH701(제니스사 경비행기)을 소유하고 있고, 단독 비행시간(solo flight time)이 200시간 이상이라고 하자 별안간 엄지를 치켜세우더니 달콤한 유혹을 던진 거였다.

사실 마크는 '프로 파일럿'이다. 비행 시간만 무려 2,000시간. PPL(개인용 비행 면장)에서 커머셜(상업용 면장)까지 두루 섭렵한 뒤 그가 최종적으로 꽂힌 곳은 곡예비행이었다. 그의 애마는 두 대. 기종도 극과 극이다. 하나는 85년 전 하와이안항공이 처음 문을 열었을 때 '처녀 운항'에 나섰던 복엽기(두 겹 날개 기종) 블랑카다. 또 한 대는 첨단 곡예비행을 위한 'Giles 202'. 2인승인데, 날렵한 외관만큼이나 총알처럼 민첩한 기종이다. 순항 속도만 시속 250km. 전투기와 맞먹는 10G(중력 10배) 하중도 견뎌낸다.

당연히 선택 기종은 블랑카. 기자 역시 비행 200시간을 넘긴 '새끼' 베테랑이긴 하지만 얼굴 볼살 일그러지고, 토 나오는 10G를 견딜 자신은 없다.

출발지는 오아후 호놀룰루 국제공항. "클리어 프롭(Clear ProP, 프로펠러 주변 안전)". 굵은 바리톤 음성을 뱉어내며 마크가 블랑카를 깨웠다. "고오~" 그야말로 조용하게 엔진이 움직인다. 복사판(레플리카)이 아닌 원형 그대로 80년 이상 지난 건 세계적으로도 드물다.

비행 코스는 와이키키 해변을 지나 그 유명한 하와이 일출 명소 '다이아몬드 헤드' 지역을 돌아오는 루트. 관제탑과 짧은 교신을 끝낸 마크가 '스로틀(Throttle, 엔진 출력 조절기)'을 끝까지 밀어넣었다. "와 왕~" 강렬한 괴성을 지른 블랑카가 85세 노인(?)답지 않게 훌쩍 날아오른다.

순식간에 고도 3,000피트(지상 1km). 속도계는 어느새 150노트(시속 277km)를 가리킨다. 와이키키 해변이 장난감처럼 작아진다. 그 해변을 따라 형형색색 성냥갑처럼 늘어선 특급 호텔들. 아찔한 S라인을 따라 돌더니 블랑카가 이내 다이아몬드 헤드 쪽으로 향한다.

휴화산이라는데도 아찔하다. 금방이라도 선홍빛 마그마를 토해낼 것 같은 회색 분화구. 그 언덕을 넘어 알라와이 운하까지 4.23km 해안선이 구간마다 다른 색으로 빛난다.

한 20분쯤 지났을까. 마크가 기자를 보고 씩 웃더니 조종간을 건넨다. 기자는 안다. 이건, 신뢰다. 자기 비행기 조종간을 남에게 건네는 건, 파일럿들 사이에 '당신 조종 실력을 믿는다'라는 상징적인 의미다.

"블랑카는 아주 안정적(stable)이에요. 발을 굳이 차서 러더(꼬리날개)를 움직이지 않고도 편하게 순항하도록 설계돼 있어요."

건네받은 조종간에 묵직한 '압'이 느껴진다. 수없이 잡아 본 조종간이지만 새 비행기, 첫 조종간 스틱을 잡을 때 '손맛'은 늘 새롭다. 짜릿하다. 일단 높낮이 테스트. 조종간을 슬쩍 밀었다 당겼다. 블랑카가 미세하게 위아래로 요동친다. 다음은 파워 테스트. 스로틀을 살짝 빼며, 스틱을 뒤로 당기니 2,000피트 고도가 그대로 유지된다. 조종간 움직임에 따라 호놀룰루 전경도 줌인, 줌아웃된다. 이런 게 비행의 맛이다.

눈 깜짝할 새 지나간 1시간여. 호놀룰루 국제공항 상공에 닿자 마크가 스틱을 넘겨 받는다. 곡예비행 베테랑답게 파이널 턴(활주로 마지막 진입을 위해 진행하는 회전 기동)이 가파르다. 기우뚱. 기체가 60도 이상 기울더니 어느새 활주로 코앞. 스틱을 서서히 들자 블랑카가 순해지며 사뿐히 활주로에 내려앉는다. 하늘에서 본 하와이. 그 맛도 최고지만 솔직히는, 아니다. 비행을 해 본 사람들은 안다. 하늘이 아무리 좋아도, 땅이, 지상이 최고라는 걸. 착륙을 해야, 비로소 또 살아남은 게 되니깐.

> 연평균 기온은 섭씨 25도 안팎이다. 여름 한낮은 33도까지 올라가지만 무역풍 덕분에 시원하다. 단 흐린 날이나 밤에는 선선하다. 긴소매 옷을 꼭 챙기시도록. 시차는 19시간. 한국보다 19시간 늦다. 날짜만 바꾸면 사실 5시간 차이니 불편함은 없다.

큰 섬에서 보았네… 지구, 살아 있음을

호놀룰루 공항 출발 시간은 새벽 6시께. 40분을 날아 도착한 빅아일랜드는 그야말로 햄버거 사이즈의 종결자, '빅맥'과 맞먹는 거대한 섬이었다. 하와이를 구성하는 8개 섬 중 가장 큰 섬이다. 덩치, 차라리 말을 말자. 하와이 나머지 7개 섬 땅덩어리를 모두 합쳐도 빅아일랜드엔 못 미친다. 제주도 7개를 포개야 겨우 가릴 정도다. 더 놀라운 건, 활화산 지대라는 거다. 팔딱팔딱 뛰는 지구의 생생한 심장 박동, 선홍빛 피(마그마)와 냄새(유황)를 듣고 보고 맡을 수 있는 지구상에 몇 안 되는 땅이다.

■ 화산 분화구 위를 걷다, 분화구 트레킹

활화산 여행의 시작점은 '하와이 화산국립공원'이다. 공원 크기, 대한민국 설악산 네 배다. 제대로 다 뜯어보면 일주일 넘게 걸린다. 전망대에 닿자 벌써 매캐한 화약 냄새가 코를 찌른다. 멀리 연기를 내뿜는 분화구도 보인다. 170년간 30번이나 터졌다는 킬라우에아 화산이다. 1983년 마지막 포효를 한 뒤 30년째 묵언수행 중이시다.

지금부터 본격적인 화산 트레킹. 이거 끝내준다. 용암이 까맣게 굳은 화산 분화구 위를 직접 두 발로 밟고 걷는 투어다. 국립공원에서 차로 20여 분쯤 달리니 킬라우에아 이키 분화구다. 빅아일랜드에선 유일하게 분화구 속을 걷는 이색 코스다. 세상에, 화산 지대 위를 걷는다니, 심장이 쿵쾅쿵쾅 뛴다.

분화구 길이는 대략 4마일(6.4km). 걷기라면 질색인 기자도 기꺼이 따라나섰다. 폭 1m나 될까. 흙길을 따라 내리막길이 이어진다. 마치 밀림 한복판 같은 느낌이다. 갈지자로 난 길을 따라 20여 분을 걸었을까. 마침내 덩그런 분지가 모습을 드러낸다. 달 표면을 쏙 빼닮은 이곳. 검게 그을린 채 쩍쩍 갈라지고 뒤틀린 땅덩어리라니. 살짝, 발을 댔다. "바삭" 잘게 빻은 연탄재 위를 밟는 기분이다.

"와, 저기, 분화구에서 연기가 나와요." 함께 간 동료 기자들이 호들갑을 떨고 난리다. 쩍쩍 갈라진 땅 틈새에서 뿜어져 나오는 수증기. 코를 댔더니 매캐한 유황 냄새가 이내 진동한다. 피(용암)가 굳어져 만들어진 이 지표면 '딱지' 아래에서 46억 살 먹은 지구의 심장이 팔딱팔딱 뛰고 있다니.

■ 화산, 분화구 위를 날다, 분화구 헬기 투어

화산 트레킹 뒤에 곧바로 인근 '블루 하와이안 헬리콥터스'로 향했다. 화산 위를 걸었다면, 이번엔 화산 위를 날아 볼 차례다. 현지 가이드는 "남들 일주일 하는 투어를 하루에 다 끝내고 있다"며 입이 한 자나 나와 있다. 하지만 그도 부러운 눈치다. 고소공포증 때문에 한 번도 헬기 투어 경험이 없단다. 일단 체중부터 잰다. 5명이 한꺼번에 타게 된 기자의 헬기엔 묘하게 '4번' 자리가 없다. 뻔하다. 나쁜 암시 때문이다.

드디어 비행. 힐로 공항을 훌쩍 날아오른 헬기는 이내 3,000피트 상공까지 치솟는다. 10분쯤 지났을까. 멀리 수증기 더미가 하나둘 보이기 시작한다. 입을 쩍 벌린 붉은빛 분화구. 맞다. 악명 높은 푸우 오오(Puu Oo)다. 빅아일랜드 분화구 중에서도 가장 포악하다는 푸우 오오. 이름처럼 연방 '푸우' 숨을 몰아쉬는 이 화산, 먹성도 끝내준다.

1983년부터 쉼 없이 용암을 쏟아낸 것도 모자라 마구잡이로 빅아일랜드 땅을 포식하고 있다. 2007년엔 건물 189채를 꿀꺽 삼켰고, 고속 도로 14km 구간도 지도에서 말끔히 지워냈다. 집, 교회, 마트와 도로를 닥치는 대로 먹어치웠던 놈은 대신 새로운 검은 땅 2㎢를 게워냈단다. 놈이 삼키다 만 2차로 도로는 동강이 난 채 뒤틀어져 관광 명소로 돌변했다. 이어지는 기장의 짤막한 설명. "1980년대 말과 1990년대 초 사이 푸우 오오처럼 용암이 바다를 메워 땅이 된 곳만 무려 297만 6,600㎡(90만 2,000평)에 달한다. 지금도 하와이 8개 섬은 매년 3인치씩 북진하고 있다. 해수면 2,000m 아래에는 새로운 땅(New Hawaii)이 솟아나 있다."

3,000피트 상공에서 180노트(210km)로 순항하던 헬기가 이내 기수를 틀더니 해안으로 향한다. 잠깐 스쳐가는 무지개 폭포와 와이피오 계곡. 순식간에 빅아일랜드 해안이 눈에 박힌다. 옥빛 바다와 검게 그을린 흑빛 해안선이 아찔한 대조를 이루며 남북으로 뻗어 있는 절

경. 그 '흑청'의 대조가 해안선을 따라 2km 이상 이어진다.

하늘에서 본 빅아일랜드 활화산. 그 맛, 최고다.

 여행 Tip

- **빅아일랜드는**
빅아일랜드는 동쪽 힐로, 서쪽 코나로 나뉜다. 코나는 다시 카일루아코나 지역과 코나코스트로, 동쪽은 힐로, 킬라우에아, 코할라코스트로 갈린다. 화산은 섬 동쪽에 몰려 있다.

- **비싸도 꼭 해 봐야 하는 헬기 투어**
헬기 투어는 힐로 공항을 이용한다. 헬기 투어를 진행하는 여행사만 5곳이 넘는다. 가장 전통 있는 무사고 회사가 '블루 하와이안 헬리콥터스'다. 헬기 투어 비용은 50분 기준 1인 200달러 안팎. (808)961-5600, www.bluehawaiian.com

- **하와이로 가라! 하와이안항공으로**
하와이 갈 때만큼은 '하와이안항공'이 으뜸이다. 이웃섬 네트워크는 세계 어떤 항공사도 따라갈 수 없다. 인천발 호놀룰루행 운항편은 주 5회 밤 9시 15분 출발, 같은 날 오전 10시 55분 하와이에 닿는다. 호놀룰루발 인천행은 밤 12시 50분 출발해 다음날 오후 6시 50분 인천공항에 내린다.

테마 해외여행 ⑪

섬 하나를 통째로 빌렸다 그대를 위해

'무조건, 은밀할 것. 은밀하고 또 은밀할 것.'

전 세계 0.1% '슈퍼 리치', 그들이 꼽는 여행의 제1 조건이다. 전용기, 전용카로도 불안하다. 그래서 아예 통째 빌린다. 뭘? 그 거대한 섬을.

피지의 5대 리조트 중 하나로 꼽히는 완딩이 아일랜드(Wandigi Island Resort)는 1인용 섬이다. 세계적인 부호 패리스 힐턴의 밀월 여행지로 유명세를 타면서 알려진 곳이다. 위치도 절묘하다. 피지 난디에서 수상 비행기로 15분을 더 들어가야 닿는 마마누다 군도다.

상상해 보시라. 남태평양의 눈부신 바다, 모래가 오롯이 당신 거다. 리조트의 호스트와 2명의 셰프, 메이드와 보트 캡틴 등 7명의 리조트 직원이 24시간 그대만을 위해 대기한다. 뭔가 필요할 때? 그저 전화기 들고, "플리즈"만 외치면 된다.

이 리조트가 놓인 곳은 섬의 끝자락 깎아지른 절벽 위. 3채의 부레(Bure, 피지어로 집이라는 뜻)를 단 한 커플만이 독점해서 쓴다. 객실

외에도 TV, DVD, 도서관 등을 구비한 넓은 라운지에 다이닝룸, 다이닝 데크가 딸려 있다. 샴페인과 알코올이 포함된 모든 음료는 공짜.

　슈퍼 리치들이 연말에 파티를 위해 단골로 통째 빌리는 네커아일랜드도 유명하다. 영국령 버진 제도에 있는 앙증맞은 섬이다.
　상업 우주여행 상품을 내놓은 유별난 회사 버진그룹의 괴짜 CEO 리처드 브랜슨의 개인 소유다. 통째 빌리는 데 드는 비용은 9일에 3억 9,900만 원부터. 열흘도 안 되는 힐링을 위해 강남 20평대 아파트 한 채를 날려야 하는데도 슈퍼 리치들은 눈 하나 깜빡하지 않는다. '팝의 디바' 머라이어 캐리, 재닛 잭슨 등 유명 인사의 단골 휴양지도 여기다. 더 놀라운 건, 연말뿐 아니라, 의미 있는 날엔 예약이 힘들 정도라는 것.
　푸른 산호초 바다로 둘러싸인 이 섬 면적은 74에이커다. 한 바퀴 휙 둘러보는 데 걸리는 시간은 2시간 남짓. 들쭉날쭉 S라인을 따라 요염하게 뻗은 비치는 눈부실 정도로 아찔하다.

섬에서 수용할 수 있는 게스트는 많아야 28명이다. 8개 베드룸이 딸린 그레이트 하우스가 있고, 단독 빌라 6개도 있다. 스태프는 모두 60여 명. 게스트 1명이 스태프 2명에게서 서비스를 받는다. 개별 빌라는 2~3층 구조다. 섬 중앙에 위치한 3개 빌라는 바다와 떨어져 있는 대신 개별 풀 시설이 갖춰져 있다. 걷는 수고는 전기차가 덜어 준다. 개인용 집사가 어떤 요리든 전화만 하면 대기시켜 주는 것도 매력.

살벌한 오두막(?)도 있다. 나무로 뚝딱 지은 것 같은 오두막에 하룻밤 묵는 비용이 3,000만 원이 넘는다면 믿어지시는가.

바로 호주 울루루-카타추타 국립공원 근처 사구(砂丘) 꼭대기에 위치한 '론지튜드 131(Longitude 131)'이다. 동경 131도에 위치한 걸 상징해 이름을 붙인 이 5성급 럭셔리 호텔은 매일 30명의 손님만 가려 받는다. 15개의 텐트로 구성된 스위트룸은 마치 초승달처럼 모래 언덕 위에 퍼져 있어, 마치 붉은색 심장을 부드럽게 바라보고 있는 것 같다. 옥외 식탁에서는 유목민의 음식인 빌리 티(Billy Tea)와 호주의 전통 음식 댐퍼(Damper) 빵을 맛볼 수 있다. 하룻밤 2,200달러라는 착한 가격(?)도 매력. 슈퍼 리치 얘기를 하다 보니 정신까지 이상해진다. 200만 원 좀 넘는 가격이 싸다니. 아니다. 뭐, 어떤가. 한때 세계 7대 불가사의로 꼽힌 울루루 사막을 코앞에서, 침대에 누워 볼 수 있다는데.

여행 Tip

버진아일랜드 예약은 공식 사이트(www.neckerisland.virgin.com)에서. 1박당 가격(Great House)은 커플당 2만 5,400달러 선. 수중 잠수선 '님프'라는 이색 액티비티도 즐길 수 있다. 가격은 일주일 대여 2,000만 원 선. 호주 론지튜드 131 정보는 홈페이지(www.longitude131.com.au)에서 확인하면 된다. 피지 완딩이 리조트는 하나투어(www.hanatour.com) 제우스팀에 문의하면 예약 가능하다.

05

이거 모르면 떠나지 마시라!
안전 여행 팁

심히 불안하다. 그놈의 필리핀에선, 하루가 멀다 하고 사고요, 홍콩 방콕에선 거리 시위 때문에 마음을 놓을 수가 없다. 여행에 있어서 안전, 사실 여행의 처음과 끝이나 다름없는 중요한 사안이다. 세계 각국의 여행 안전도를 알려 주는 '0404' 사이트를 모른다면 당장 여행 계획 접으시는 게 낫다. 사고 대처 6계명도 꼭 외워 둬야 할 포인트. 게다가 요즘 급증하고 있는 자유여행객(FIT)들은 나름 안전 노하우를 알아두고 있어야 한다. 사실 기자가 가장 공을 들인 편도 '5장' 안전 여행 편이다. 싱글 여행족, 신혼여행객들 할 것 없다. 이 편만큼은 수십 번 읽고 외운 뒤 떠나시길.

안전한 해외여행을 위한 비법

사면초가다. 불안하다. 유럽으로 눈을 돌리면 중동발 '사스(SARS)' 메르스에 에볼라까지 설친다. 그렇다면 가까운 동남아? 설상가상이다. 계엄령 내려진 태국은 준전시 상황이다. 이럴 때 안전에 대한 팁 다시 한 번 곱씹고 가야 한다.

우선 질병 관련 안전. 무조건 알아 둬야 할 사이트가 있다. '해외여행질병정보센터 홈페이지(travelinfo.cdc.go.kr)'다. 온라인이 불편하다면 스마트폰을 이용해도 된다. 스마트폰에서 '질병관리본부 mini' 앱을 설치하면 끝. 이 두 곳을 통해 실시간 질병 발생 정보(나라별, 지역별)와 예방 요령 등을 확인하면 된다.

기본적인 질병 안전 수칙은 딱 세 가지다. 손 씻기는 기본 중 기본.

두 번째가 안전한 음료수 마시기. 세 번째는 익힌 음식 먹기. 괜히 호기 부리며 날것 먹다간, 한 방에 훅 간다.

지역별로도 알아 둬야 할 질병 관련 상식이 있다. 브라질은 황열, 말라리아, 뎅기열 위험지역이다. 열대 지방에 서식하는 모기 등에 의한 매개체 감염병에 주의해야 하는 것도 알아 둬야 한다. 오염된 식수나 비위생적 음식물 섭취 등으로 인한 수인성, 식품매개감염병(세균성이질, 장티푸스 등)도 조심해야 한다.

황열과 홍역은 예방 접종이 '직방'이다. 출국 2~4주 전에 맞아야 한다. 항체 형성 기간 때문이다. 늦어도 출국 10일 전까지는 지정된 국제공인예방접종 기관을 찾아야 한다. 홍역은 예방 접종력이 불명확한 '68년 이후 출생자'가 문제다. 적어도 1회 예방 접종을 완료한 뒤 출국해야 안전하다는 것.

말라리아 예방약은 최소 출국 2주 전까지는 가까운 보건소나 의료기관을 찾아 약을 처방받은 뒤에 복용하면 된다. 문제는 뎅기열이다. 예방접종·예방약이 없다. 외출할 때 긴 소매와 긴 바지를 착용해 최대한 모기에 물리지 않도록 주의하는 게 최선이다.

질병 못지않게 중요한 '안전'이 나라별 '안전도'다. 요즘은 인기 여행지 태국이 심상치 않다. 계엄령 선포에 이어 '오후 10시부터 오전 5시까지 통행 금지'까지 선언됐으니 불안할 수밖에 없다. 이때 필요한 게 '여행 안전도'다.

역시 알아 둬야 할 사이트가 있다. 외교부가 운영하는 해외안전여행 사이트(www.0404.go.kr)다. 여행지 안전도를 한눈에 점검할 수 있는 마법 같은 곳이다. 이 사이트는 국가별로 안전 여행 정보를 제공한다. 4단계. 여행 유의(1단계), 여행 자제(2단계), 여행 제한(3단계), 여행 금지(4단계) 등이다. 여행객들은 2단계 자제국부터 주의를 기울이면 된다. 3단계라면? 아예 여행을 접으시라. 여행 제한의 의미는 이렇다. 국외 체류객은 '긴급 용무가 아닌 한 귀국'이고, 외국여행 예정자는 가급적 여행을 취소하거나 연기하라는 권고다. 4단계 여행 금지는 볼 것도 없다. 즉시 대피, 철수다.

해외여행 사고 대처 6가지 계명

해외여행, 안전과 사고는 종이 한 장 차이다. 만에 하나, 그게 늘 문제다. 그래서 준비한다. 금융소비자연맹(www.kfco.org)이 내놓은 해외여행 사고 대처법 6계명이다.

카드사, 은행의 공짜 여행자보험 괜찮을까?

무료로 가입시켜주는 상품은 말 그대로 생색내기 위한 상품이 많다. 보장 최고액 또는 가입 사실만 내세우고 실속은 없는 게 대부분이다. 여행 중 빈번하게 발생하는 상해사고나 질병에 대한 보상액수가 턱없이 적은 경우도 많다. 추가 보험, 생각하는 게 좋다.

해외여행 보험 가입 때 고려할 점

여행 보험의 주요 담보는 세 가지. 사망후유장해, 질병치료비, 휴대품 도난 등이다. 가장 중요한 건 필요한 보장기간, 보장항목과 가입금액이다. 담보 내역별로 보상하는 손해와 보상하지 않는 손해를 꼼꼼히 확인하는 것도 필수. 특히 스카이다이빙, 전문 등반 등 위험 활동은 보상이 되지 않는다는 점에 유의해야 한다. 타 보험과의 중복 보장 여부도 꼭 확인할 것.

치료를 받다가 보험기간이 끝나면?

그래도 보상이 된다. 질병사망과 치료는 보험기간 마지막 날로부터 30일 이내에 사망이나 치료를 받게 될 경우 연장 보상을 원칙으로 한다. 약관이 변경돼 치료받는 도중 보험기간이 만료됐을 때에도 보험기간 종료일로부터 90일까지는 보상이 된다.

해외여행 때 보상되지 않는 사고는?

여러 가지다. 자살, 폭행범죄 피해, 정신질환 등은 제외 항목이다. 임신부의 출산과 유산도 안 된다. 질병 치료와 무관한 치아보철 등도 보상 대상이 아니다. 당연히 천재지변도 제외다. 전쟁, 내란, 소요로 인한 피해, 절대 보상받을 수 없다.

예기치 못한 사고가 발생했다면?

우선 증빙서류를 갖춰야 한다. 치료를 받았을 때는 다시 그 나라 재방문이 어려울 수 있으니 반드시 치료비 영수증, 진단서를 챙겨둘 것.
휴대품을 잃어버렸을 때도, 현지 경찰서에 신고한 뒤 도난 확인서를 받아둬야 한다. 경찰 신고가 불가능할 때는 목격자나 여행 가이드 등의 사실 확인서가 필요하다.

해외여행보험 보험료는 어느 정도 될까?

대부분 소멸성이다. 그래서 저렴하다. 가입기간도 짧아 보험료가 몇 천 원에서 1~2만 원 수준이다. 인터넷으로 가입하면 20% 할인해 주는 보험사도 있다. 공항에는 보험사들의 여행자보험 데스크가 있어 당일 가입도 가능하다.

해외여행 사고 대처법

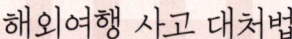

뜬금없이 닥치는 게 사고다. 특히 외국에서 황당한 일을 맞닥뜨리면 당황할 수밖에 없는 법. 그래서 준비한다. 외국 여행 때 닥치는 대표적인 6개 분야 사고 대처법이다. 한국관광공사가 여행 고수 5인 얘기를 종합해 '스마트 트래블러' 웹진을 통해 공개한 내용이니 꼭 숙지해 두실 것.

소매치기

뭔가 낌새가 이상할 땐 고함부터 질러야 한다. 큰 소리로 외쳐 주변에 도움을 청한다. 피해가 있을 때는 가까운 경찰서로 향할 것. 현지 경찰서에선 '도난 신고 증명서(Police Report)'를 만드는 게 우선이다. 이때 물건을 '분실(lost)'한 것인지 아니면 '도난(stolen)'당한 것인지 명확하게 표시하는 게 중요하다. 분실이면 보상받는 게 힘들다. 미리 여행자 보험에 가입했다면 귀국 후 도난 신고 증명서를 보험사에 제출한 뒤 보상을 받으면 된다. 잊을 뻔했다. 도난으로 현금이 부족할 때 영사관에서 제공하는 '신속 해외 송금지원제도'를 이용하실 것. 미화 3,000달러까지 즉시 지원받을 수 있다.

항공 수하물 분실

역시 자주 일어나는 사고다. 일단 공항에서 짐을 받지 못했다면 수하물 확인표(Baggage Claim Tag)를 갖고 공항 수하물 분실 신고소(Baggage Claims) 또는 최종 도착지 공항에서 해당 항공사 직원을 찾아가 수하물 사고 신고서(Property Irregularity Report)를 작성하면 된다. 당일 찾지 못한다면 꼭 해당 항공사에 '수하물 지연보상금(OPE, Out of Pocket Expenses)'을 요구해야 한다.

교통사고

재외 공관(한국 대사관 또는 영사관) 혹은 영사콜센터(국가별 국제

전화번호 +800-2100-0404)에 연락하여 도움을 청하는 것이 우선. 만약 여행자 보험에 가입했다면 진단서와 진료비 영수증을 챙기고, 귀국 후 보험사에 병원비를 청구한다.

상해 발생

레저를 즐기다가 혹은 벌레에 물려서도 상해가 발생할 수 있다. 상해가 발생해 병원을 이용할 때 언어가 통하지 않는다면 한국관광공사 '저스트 터치 잇(Just Touch It)' 모바일 앱(App)을 다운받아 활용하자. 아픈 부위, 증상 설명, 통증 종류, 통증 기간 등 다양한 상황에서 픽토그램을 활용해 소통할 수 있도록 도와준다.

지진

여행 중 지진을 만났다면 차분하게 행동하는 게 우선. 거리나 밖에 있다면 가방이나 옷을 이용하여 머리를 보호하고 가까운 공터로 피한다. 건물 주변은 피할 것. 유리나 간판이 떨어질 염려가 있어서다. 해변이라면 연이어 쓰나미가 발생할 가능성이 높기 때문에 신속하게 높은 지대로 대피해야 한다.

대규모 시위 또는 분쟁

군중이 몰린 곳은 피해야 한다. 무력 충돌이나 폭력 사태로 이어질 가능성이 있을 시에는 긴급 출국하는 것이 좋다. 출국이 불가능하다면 영사콜센터 혹은 재외 공관(대사관 혹은 총영사관)에 여행자 소재와 연락처를 상세히 알려 비상시 정부와 소통이 가능하도록 해야 한다.

해외 자유여행 안전 노하우

요즘 자유여행 전성시대다. 편해서 좋긴 하지만, 나름 노하우가 필요하다. 아래는 한국관광공사가 대한민국 최고의 여행 고수 파워블로거들에게 물어서 선정한 '최고의 자유여행 안전 팁'이다. 참고하시라.

거주등록 신청해야 하는 러시아-콴

러시아 여행 땐 '거주등록' 절차를 알아둬야 한다. 입국일부터 7일을 초과해 체류(같은 도시 내 거주지 이동도 해당)할 땐 반드시 해야 하는 절차다. 장소는 관할 경찰서. 호텔에 묵을 땐 호텔 측에서 방문자를 대리해 신청을 할 수 있다.

저비용, 고효율 자물쇠를 챙겨라-김치군

자유여행은 도난, 분실과의 전쟁이다. 내 짐을 지킬 수 있는 방법은 다양하다. 저비용, 고효율의 노하우는 자물쇠. 메고 다니는 가방에 이런 자물쇠를 걸어 두기만 해도 도난의 표적에서 벗어날 수 있다.

방심하면 털린다-이니그마

소매치기의 입장에서 생각하라. 파워블로거 이니그마의 조언이다. 맞다. 입장 바꿔, 내가 훔친다고 생각하면 어디서, 어떤 때, 주의를 기울여야 할지 단번에 알 수 있다. 기차역에서 잠시 배낭을 내려놓을 때, 거리 공연을 볼 때, 음악 분수쇼에 넋을 놓고 있을 때가 핵심이다.

가짜 경찰을 조심할 것-딴지여사

해외 여행 중, 생각지도 못한 불심 검문을 요구받을 수 있다. 이때 경찰이 직무수행을 목적으로 신분증을 요구하는 것은 정당하다. 이때 여행자에게 이국 땅에서 돈보다 중요한 게 신분증, 즉 여권이다.

무턱대고 여권을 보여주는 건 자살행위(?)다. 먼저 경찰에게 요구하시라. 당신이 경찰인지 신분증 좀 보자고. 외국인 여권을 노린 사기꾼, 의외로 많다. 유럽이 요주의 지대다.

차량 통행 방향도 주의할 것-베쯔니

우리나라와 차량 통행 방향이 반대인 나라가 의외로 많다. 일본, 영국, 홍콩, 인도, 인도네시아, 말레이시아, 싱가포르, 태국, 호주 등 44개국이다. 대부분 섬나라다. 당연히 걸을 때, 렌터카 빌릴 때 요주의다. 한눈팔다 당한다.

고산병도 예방할 수 있다-큐빅스

해발 3,000m 이상 고산지대를 갈 땐 고산병에 주의해야 한다. 심하면 죽을 수도 있다. 예방법도 알아 두자. 충분한 수면을 취하고 물을 많이 마셔 주는 게 필수다. 가급적 숨을 크게 들이마시는 편이 좋다. 정 안되면 약국에서 '고산병' 약을 사서 복용하면 된다.

해외여행 사기 피해 예방법

참으로 끈질기다. 없어질 만하면 등장한다. 해외여행을 미끼로 한 사기. 요즘엔 수법도 고도화하고 있다. 여차 하면 당한다. 아래는 대표적인 유형들 몇 가지다. 꼭 염두에 두고 피해를 예방하시길.

인터넷 외화 직거래 사기

"여행하고 남은 유로 팝니다. 10유로, 20유로 섞여 있습니다. 오늘자 기준환율 적용하면 41만 5,400원인데, 400원 절삭해 41만 5,000원에 거래합니다." 인터넷 중고거래장터에 흔히 올라오는 유혹의 글. 요즘 새롭게 등장한 외화 '직거래 사기' 유형이다. 이거 환장한다. 수수료 몇 푼 아끼려다 큰돈 떼일 수 있기 때문이다.

거래되는 외화의 종류도 다양하다. 달러, 유로는 물론이고 중국 위안, 태국 바트, 필리핀 페소, 이라크 디나르, 스위스 프랑까지 있다. 거래는 해외여행을 다녀온 사람이 수중에 남은 외화를 해당 국가에 여행갈 예정인 이들에게 판매하는 식으로 이뤄진다.

일단 관련 규정부터 알아 두자. 가장 궁금한 건 관계 당국에 신고를 해야 할까 하는 의문. 기준은 미화 1,000달러다. 외국환거래규정에 따르면 매매차익을 목적으로 하지 않는 미화 1,000달러 이하의 거래는 신고하지 않아도 된다고 명시하고 있다. 그러니 1,000달러 이하라면 별 문제 없다고 보면 된다.

두 번째는 사기 예방법. 결국 눈 크게 뜨는 수밖에 없다. 현금을 먼저 입금하는 건 절대 금물. 무조건 만나서 면대면 거래를 하는 게 최선이다. 에스크로 등 안전거래 시스템도 적극 활용할 것. 잊을 뻔 했다. 수수료가 터무니없이 쌀 땐 일단 의심해야 한다. 항상 그렇다. 싼 게 비지떡이다.

과도한 위약금 청구 사기

눈 감으면 코 베어 가는 게 여행사다. 지금까지 개인이 당한 사기 중 가장 많은 유형이 과도한 위약금이다. 이 위약금은 여행사가 청구

한다. 계약을 했던 개인이 갑작스럽게 여행을 취소할 경우 여행사에 물어주는 돈이다.

물론 이게 규정이 있다. 최근 바뀐 규정은 한 달이 기준이다. 한 달 이상 남은 날짜에 취소를 했다면 당연히 전액 돌려받을 수 있다. 문제는 한 달 안이다. 이 기간에 취소를 했다면 열흘이나 일주일 단위로 취소 수수료가 단계적으로 높아진다. 보통 2주일은 전체 여행 금액의 15%를 물어줘야 한다. 그러니 기억하시라. 한 2주 정도 남은 날짜에 취소를 했는데 50% 이상을 수수료로 내야 한다고 여행사가 주장한다면 과도 청구라는 것을.

물론 여기에도 빠져나갈 수 있는 '구멍'은 있다. 부모님 상이나 교통사고를 당한 경우다. 해외여행 표준약관에는 위약금 없이 계약을 깰 수 있는 경우를 정하고 있다. 딱 3가지다. 외워 두고 꼭 써먹으시라.

① 가족의 사망: 3촌 이내 친족이 사망한 경우로 한정
② 질병 등 여행자의 신체 이상 발생으로 참가 불가능한 경우
③ 배우자 또는 직계존·비속이 신체 이상으로 3일 이상 병원 입원
　　(출발 시점까지 퇴원 곤란)

이것저것 다 헷갈린다고? 그럴 땐 한국소비자원이나 한국여행업협회(KATA) 여행불편처리센터로 연락하면 된다.

이거 모르면 떠나지 마시라!
안전 여행 팁

싱글 여성 여행족을 위한 안전 여행 팁

요즘 여성들 당차다. 웬만한 초식남 못지않다. 혼자서 모든 걸 해결한다. 심지어 여행도 혼자 간다. 나홀로 여행, 물론 좋다. 하지만 이거 만만치 않다. 싱글 여행족들을 위한 '안전 여행 노하우'는 그래서 반드시 알아 둬야 한다.

첫 도착지는 무조건 안전 지역

첫 도착지가 중요하다. 서유럽 쪽이면 당연히 영국이나 프랑스부터 찍어야 한다. 동유럽이나 이집트는 상당한 여행 경험과 나라별 노하우를 필요로 하는 위험한 곳이다. 첫 여행지부터 굳이 모험할 필요는 없다. 도착 시간도 중요하다. 항상 목적지에는 오전에 도착하도록 일정을 맞춰야 한다. 밤늦은 시간이 항상 문제다. 쓸데없이 바가지를 쓰거나 엉뚱한 곳으로 이동하는 황당한 일을 당할 수도 있다.

노숙, 히치하이킹은 절대 금지

뭐, 잘 곳 없으면 대충 노숙으로 때우지. 이런 분들 많다. 사고는 항상 부지불식간에 발생한다. 노숙을 함부로 하다간 큰일 당할 수도 있다. 돈 아끼려고 괜히 '히치하이킹'에 도전하는 만용도 금물. 여행만큼은 이걸 명심해 둬야 한다. '섣부른 도전은 금물'이라는 것.

친절한 현지인을 조심할 것

기차역, 여행지에서 친절하게 접근하는 이들, 무조건 의심해 봐야 한다. 생면부지의 당신에게 뭐가 아쉬워 웃으며 접근하겠는가. 소매치기, 호객꾼, 사기꾼일 가능성이 높다. 특히 터키 등지는 요주의. 차나 음료수에 수면제를 넣어 여행자를 노리는 범죄도 종종 발생한다. 주의하실 것.

택시는 무조건 뒷자리에

남미 쪽에선 택시 탑승도 주의해야 한다. 일단 뒷자리에 앉으실 것. 그리스 아테네의 경우는 미터기를 꺾지 않고 3~5배의 바가지요금을 부르는 게 예사다. 거스름돈을 교묘하게 바꾸는 식으로 외국인 여행자를 속이는 일도 비일비재하다. 이럴 때는 괜히 놀란 척 하면 안 된다. 오히려 당당하게 웃어 주시라. 다 안다는 표정만 지어도 돈을 돌려준다.

밤 10시 이후 여행은 피하라

늦은 밤 시내 여행은 가급적 피할 것. 여행자는 야간의 급변하는 현지 분위기나 거리 문화를 거의 파악하기 힘들다. 특히 기차역 주변은 밤 10시 이후엔 우범지대로 바뀔 수도 있다. 빈의 서역, 로마의 테르미니역, 암스테르담의 중앙역 주변이 요주의. 특히 여성 혼자 늦은 시간에 뒷골목을 걷는 것, 절대 금물이다. 설마가 사람 잡는다.

거부 의사를 분명히 할 것

여행지에서 한국 여성들의 가장 큰 문제점은 자기 의사를 분명히 하지 않는다는 점이다. 영어 짧다고 고민할 것 없다. 영어 표현이 생각나지 않는다면 당당하게 'NO'라고 말해주면 된다. 아예 우범지대엔 현지에서 만난 한국 친구들끼리 함께 가는 것도 현명한 방법이다.

안전 신혼여행 체크리스트 5가지

 기자에게 쏟아지는 제보 1순위가 사기다. 특히 '단꿈' 신혼여행 피해, 이거 마음 아프다. 그래서 소개한다. 안전한 신혼여행을 위한 체크리스트 5가지다. 한국관광공사가 엄선한 리스트니 필히 점검하시라.

영업보증보험 가입 여부 보고 또 볼 것

 결국, 사기를 치는 주체는 여행사다. 보기에 번듯하니, 속을 수밖에 없다. 대부분 피해 사례가 취소다. 여행업체 부도나 일방적인 예약 변경으로 인한 것이다. 이럴 때 점검해야 하는 게 여행사가 '영업보증보험'에 가입했는지 여부다. 가입해 있다면 보증보험 금액과 내용도 꼼꼼히 살펴봐야 한다. 여행정보센터(www.tourinfo.or.kr)나 여행사 관할구청을 통해 자세한 내용을 체크하면 된다.

환불규정, 국외여행 표준계약서 확인

신혼여행 떠나기 한 달 전이다. 별안간 항공편과 호텔이 여행사 임의로 변경된 사실을 알았다면 어떻게 해야 할까. 정답은 이렇다. 여행사 독단으로 인한 일방적 예약 사항 변경이라면 계약금 전부를 돌려받을 수 있다. 하지만 모든 게 딱딱 맞아떨어지는 건 아니다. 이때 필요한 게 여행사와 계약을 하면서 작성한 '국외여행 표준 계약서'다. 이게 분쟁 땐 증거자료가 된다. 확실히 챙겨두실 것.

면세한도, 면세점 구매한도를 구별할 것

신혼여행 시 또 다른 즐거움, 쇼핑이다. 이때 헷갈리는 면세한도와 면세점 구매한도다. 면세점 구매한도는 국내 면세점에서 내국인 1인당 3,000달러까지 구매를 제한한 제도다. 무분별한 과소비 억제책이다. 면세한도는 다르다. 국내외 어느 면세점이든 구입처를 불문하고 귀국 때 1인당 400달러까지만 허용하는 것을 말한다. 당연히 면세에 대한 개념도 달라진다. 면세점 구매한도에서 말하는 면세는 부가가치세 등을 면제하는 것이고, 귀국 시 면세한도에서 말하는 면세는 관세 면제다. 면세점 구매한도 내에서 전액 면세된다고 판단하는 게 가장 잦은 오해다. 이 때문에 면세한도 초과분에 대해 자진 신고하지 않는 사례가 많다. 한도초과분을 신고하지 않으면 30% 가산세를 포함한 관세를 부담해야 한다는 것, 잊지 마시라.

현지 치안정보, 응급 연락처 기억할 것

신혼여행 기간이 길면 질병에 주의해야 한다. 자세한 국가별 질병 정보는 해외여행 질병정보센터 홈페이지(travelinfo.cdc.go.kr)에서 얻을 수 있다. 여행을 가는 국가별 안전 상태는 해외여행안전 홈페이지(www.0404.go.kr) '여행경보단계'를 통해 확인하면 된다.

여행 일정을 주변 사람들에게 알릴 것

외교부에서 제공하는 '해외여행등록제 동행'을 통해 여행 일정을 미리 등록하는 게 가장 현명하다. 해외안전여행 홈페이지(www.0404.go.kr)에 접속해 신상 정보, 국내 비상 연락처, 현지 연락처, 여행 일정 등을 등록해 두면 끝. 위급 상황 발생 땐 자동으로 연결된다.

시차 적응 위해 기내선 토막잠을

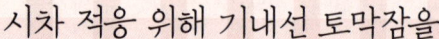

여행 고수가 되기 위해 반드시 알아 둬야 할 비기(祕技). 바로 시차 극복 요령이다. 시차는 결코 우습게 볼 게 아니다. 두통, 식욕 부진, 집중력 저하뿐 아니라 심할 경우 여행 전체의 분위기를 좌우할 수도 있다.

개인차가 있긴 하지만 통상 4~6시간 정도의 시차는 하루, 10시간 이하는 이틀, 10시간 이상은 3일 정도가 걸린다. 비행 방향에 따라서도 시차증후군의 강도가 달라진다. 거리가 같더라도 동쪽이 시차증후군을 회복하는 데 50% 정도가 더 걸린다.

시차증후군 극복의 제1원칙은 준비다. 출발 2~3일 전부터 생체 시계를 조금씩 바꿔주는 전략이다. 도착지가 유럽이나 아시아일 때는 하루 1시간씩 늦게 자고 늦게 일어나는 연습을 한다. 미국이나 캐나다라면 1시간씩 일찍 자고 일찍 일어나는 게 시차 적응에 도움이 된다.

기내에서의 잠도 중요한 역할을 한다. 시차 적응을 위해선 깊은 수면보다 토막잠이 낫다. 기내에선 가급적 물을 많이 마셔 수분을 충분히 보충해 주는 것도 잊지 말자.

여행지에 도착한 후에는 현지 시간에 맞춰 낮 시간대에 활발한 야외활동을 하는 게 필수. 수면호르몬인 '멜라토닌'은 빛이 있거나 활발한 신체활동이 이뤄질 때 분비가 중단되니 밤에 숙면을 취할 수 있다. 잠들기 전 가벼운 운동과 스트레칭을 통해 긴장된 몸을 풀어주는 것도 요령이다.

식습관도 시차 적응에 핵심 역할을 한다. 고단백 식사와 고탄수화물 식사를 강추. 고기, 계란, 콩, 우유 등의 고단백 식품은 신체에 활력을 제공하고, 밥, 채소, 빵, 과일 등의 고탄수화물 식품은 수면을 유도한다. 커피, 술 등 숙면을 방해하는 것은 되도록 삼가자.

현지에선 아침 일찍 일광욕을 하는 것도 도움이 된다. 비행기 시간을 조절하는 방법도 있다. 미국행일 경우 되도록 밤에 출발하는 비행기를 이용하는 식이다. 밤새 비행기에서 충분한 수면을 취한 뒤 아침에 도착해 업무를 바로 볼 수 있다.

반대로 유럽행일 땐 현지 저녁 시간대 도착이 많아 비행기에서 아예 잠을 피하고 영화 관람이나 독서를 하는 게 요령이다.

테마 해외여행 ⑫

미국 서부 캐니언만 따라 돈다 '그랜드 서클 투어'

흙, 바람, 물이 빚어낸 '영겁의 신비'

푸른 전나무 숲을 지나니 거대한 붉은 왕국이 눈앞에 펼쳐졌다. 자연이 빚은 장엄함은 인간의 빈약한 언어를 압도했다. "와!" 하는 탄성으로밖에 수만 개 돌탑이 만들어 내는 비장함을 표현할 수 없었다. 미국 유타주 브라이스캐니언은 자연이 만든 '앙코르와트'였다. 하늘을 향해 솟은 붉은 돌기둥 수만 개가 신전의 모습을 연출했다. 어떤 돌탑은 로마 개선문을 닮았고 어떤 돌탑은 콜로세움 모습으로 다가온다. 또 아프가니스탄 바미얀 석불 모습으로 비치는가 하면 마이산 돌탑을 닮기도 하고 중국 진시황릉 병마용 같은 이미지로 보이기도 한다.

돌탑을 후두(Hoodoo)라고 하는데 암석이 녹아내려 만든 돌기둥이란 뜻이다. 캐니언의 대표인 그랜드캐니언이 웅장한 바로크 양식 작품이라면 브라이스캐니언은 화려한 로코코풍 작품이다. 브라이스캐니언은 흙과 물과 바람에 시간이라는 촉매제가 만나 이루어진 앙상

블이다. 브라이스캐니언 형성을 과학적으로 설명하면 약 1,500만 년 전 바다였던 땅에 토사가 쌓여서 형성된 암석이 빗줄기와 흐르는 물의 힘에 의해 다시 본래의 토사로 변해 흘러내려 가는데 비교적 단단한 암석만 침식되지 않고 남아서 무수한 첨탑이 생긴 것이다.

하지만 이런 현상을 아무리 과학적으로 설명하려고 해도 돌탑 하나하나가 담고 있는 아름다움까지는 설명할 길이 없다. 인간이 만들어 낸 과학과 기술이 맨해튼의 고층빌딩 숲을 복제할 수는 있어도 브라이스캐니언의 대서사시는 흉내조차 낼 수 없기 때문이다.

관광객에게 주어진 시간에 따라 브라이스캐니언을 즐길 수 있는 수십 가지 방법이 있다. 그랜드캐니언 자이언캐니언 등 여러 캐니언을 '주마간산' 식으로 보고자 한다면 선셋포인트 선라이스포인트 등 10여 개 포인트에서 그냥 내려다보는 것만으로도 브라이스캐니언의 아름다움을 충분히 느낄 수 있다.

하지만 브라이스캐니언 속살까지 느끼고 싶다면 브라이스캐니언 국립공원 내 로지(Lodge)에서 머물면서 트레일 몇 개를 골라 걸어 보는 것이 낫다. 주어진 시간과 체력에 따라 난이도별로 선택할 수 있는 수십 개 트레일이 있다.

위에서 내려다보는 브라이스캐니언과 트레일을 따라 걸으며 올려다보는 브라이스캐니언은 완전히 다른 느낌으로 다가온다. 신전이나 사원을 걷는 듯 경건해지고 겸손해지는 나를 만날 수 있다. 푸른 전나무와 푸른 하늘, 붉은 돌기둥의 강렬한 대비도 오래오래 기억된다. 또 브라이스캐니언에서는 반드시 일출과 일몰을 경험해 보기를 권한다. 따로 선셋포인트와 선라이스포인트를 만들어 놓은 데는 다 이유가 있다. 붉은 돌기둥 위로 붉은 해가 떠오르고 붉은 노을로 물드는 것은 마치 천지창조 모습과 같다. 물론 날씨가 허락할 때만 경험할 수 있는 장관이다.

이 지역은 1847년 모르몬교도들에 의해 이주가 시작되었고 에버니저 브라이스라는 목수가 나무를 구하려다 이 캐니언을 발견해 그의 이름을 따서 이름이 붙여졌다. 이 지역의 아름다운 경치와 자연을 보호하기 위해 1923년 준국립공원으로 지정됐고, 5년 후인 1928년 국립공원으로 승격됐다. 이 공원 면적은 3만 6,000여 에이커지만 남북으로 21마일이나 되는 긴 지역이며 잘 포장된 도로가 공원 전체에 깔려 있어 자동차로도 쉽게 접근할 수 있다.

브라이스캐니언 하나만 관광할 수도 있지만 동선만 잘 짠다면 그랜드캐니언과 자이언캐니언, 모뉴먼트밸리 등 미국 서부 내륙 자연의 신비를 2~3일 안에 모두 둘러볼 수 있다.

| 여행 Tip

• 찾아 가려면
유타주 남부 중앙이다. 자이언 국립공원에서 북동쪽으로 대략 85마일 떨어진 곳에 있다(주소: Bryce Canyon National Park P.O. Box 170001 Bryce Canyon, Utah 84717-0001, 전화: 435-834-5322). 로스앤젤레스에서 출발하면 12시간이 걸린다. 10번 E와 15번 N을 타고 라스베이거스를 거쳐 계속 북상하다가 애리조나주를 거쳐 유타로 들어선다. 89번 N을 지나 12번을 만나면 공원이 시작된다.

• 차량은 반드시
반드시 차량이 있어야 한다. 공원을 따라 운전하다가 전망대마다 멈춰 서는 게 팁. 좀 더 적극적으로 캐니언 안으로 향하는 트레일을 따라 하이킹이나 승마 등을 즐기면서 공원을 관광할 수도 있다.
겨울에는 크로스컨트리 스키나 스노 슈 등을 착용해야 계곡의 비경을 즐길 수 있다.

20억 년 지구 나이테 위를 걸어 봐

'비포장 스위치백(급경사 지그재그길)'의 백미. 총 소요 시간 보름. 총 이동경로 4,800km. 살인적인 일정이다. 하지만 누구나 꿈꾼다. 대충 이것만 보고 눈치 채신 독자라면 엄청난 여행 고수임을 인정한다. 맞다. 미국 서부의 명불허전 4대 캐니언을 다 찍고 U턴하는 '그랜드 서클 투어(Grand Circle Tour)'다. 여행 고수의 버킷리스트 '빅 3'에 꼭 들어 있다는 그랜드 서클 투어, 지금 출발한다. 안전벨트 착용해 주시라.

■ 캐니언 종결자 그랜드

그랜드 서클 투어의 출발지는 네바다주 라스베이거스다. 그리고 유타주의 자이언과 브라이스 캐니언. 자연이 만든 아찔한 절경을 감상한 뒤 바로 앤털로프 캐니언으로 향한다. '죽기 전에 꼭 가 봐야 할 1001' 버킷리스트에 오른 위용을 한눈에 품은 뒤 다시 컴백한다.

넘버원 캐니언은 그랜드다. 웅장함, 두말하면 잔소리다. 길이만 해도 447km, 계곡 넓이가 평균 25km나 된다. 깊은 곳은 수심만 1,500m. 그러니, 말 다했다. 굳이 쉽게 표현하자면 길이는 서울~부산 고속

도로쯤 되는 셈이요, 그 깊이는 태백산 높이쯤이라는 의미다. 가장 핵심 포인트는 '사우스림(South Rim)'이다. 전체 관광객의 90%가 기어이 이곳만큼은 찍고 간다.

이색적인 투어 코스는 노새를 타거나 걸어서 협곡으로 내려가는 트레일. 경비행기를 타고 공중에서 내려다보는 관광도 가능하다. 학술적 가치도 넘버원이다. 1,500m에 달하는 협곡의 벽에는 시생대 이후 20억 년 동안의 많은 지층이 그대로 드러난다.

■ 살벌한 대형 구멍 자이언

유타주 남서부 명물이다. 붉은 색의 약한 퇴적암석을 파고 들어간 가파른 수직 절벽. 아 '살벌함'을 양쪽에 거느린 초대형 구멍이다. 이 협곡, 한이 없다. 어찌나 깊은지 햇빛이 바닥까지 닿지도 않는다.

깎아지른 절벽을 푸르게 장식한 숲과 폭포, 그 옆에 늘씬하게 뻗어 있는 사암기둥, 이스트템플 같은 바위 피라미드가 여기저기 흩어져 있는 모습은 성스러운 느낌마저 자아낸다. 자이언을 즐기는 방법은 속살 투어 하이킹이다. 왕초보 코스에서 초절정 고수들의 고난도 등반기술을 요하는 까다로운 코스까지 다양한 등산로가 강점이다. 수위가 내려가면 협곡의 꼭대기에서 '내로스'를 통해 하이킹을 할 수 있는 것도 매력 포인트.

하지만 이건 고수의 영역이다. 협곡의 벽이 너무 가까워서 돌발 홍수가 일어나기라도 하면 수위가 금세 8m 이상 상승할 수도 있어서다. 역시나 자연의 보고. 800여 종에 이르는 식물과 퓨마, 독수리 등 다양한 동물들이 어울려 살아간다.

■ 모래가 빚은 걸작 앤털로프

'눈과 마음, 영혼에 축복을 내리는 곳'. 이곳을 필름에 담는 사진 고수들은 하나같이 앤털로프를 이렇게 표현한다. 사실 '달타냥'처럼 '캐니언 삼총사'는 아니지만 오히려 이곳을 으뜸으로 꼽는 이들도 다수일 정도. 잘 알려지지 않은 게 매력인 사암 협곡이다. 가 보면 안다. 단 1초 만에 턱이 땅에 닿는다. 그만큼 절경이다. 모래가 빚어낸 놀라운 사암 협곡. 그 속으로 빛이 들어올 때마다 빛과 색깔, 그림자 형태가 어우러져 시시각각 변하는 놀라운 자연 경관을 만들어 낸다.

협곡은 두 구역이다. 위쪽의 어퍼 앤털로프 캐니언은 도보로 간다. 아래쪽인 로어 캐니언은 사다리를 타고 좁은 틈을 따라 지하로 내려가야만 볼 수 있다. 앤털로프 캐니언 핵심은 시간이다. 태양이 바로 머리 위를 비추는 한낮이 방문 포인트다. 한 줄기의 햇살. 그게 협곡의 바닥으로 곧장 떨어지는 놀라운 모습을 목격할 수 있다.

| 여행 Tip

메이저 여행사에서 RV캠핑카 미서부 캐니언 관광 상품을 주기적으로 선보인다. 직접 RV캠핑카를 몰고 이동하는 다이내믹 루트가 매력적. 고생한 만큼 속살, 제대로 본다. 라스베이거스와 브라이스 캐니언, 모뉴먼트 밸리, 그랜드 캐니언, 자이언 캐니언 등을 찍는다.

테마 해외여행 ⑬

대자연의 포효, 브라질 이구아수 폭포

쏴아, 옅은 비가 흩뿌렸다. 분무기로 쏘는 듯한 얇디 얇은 입자. 브라질 포스 두 이구아수(Foz do iguazu) 공항에 비 예보는 없었는데. 얼떨떨한 기자에게 노란 머리의 외국인 아저씨 한 분이 씩 웃으며 외친다. "Splash. That's the Iguazu Falls(이구아수 폭포에서 튄 물이야)."

콧방귀를 날렸다. 뭐, 미국 32대 대통령 프랭클린 루스벨트의 부인 엘리너 루스벨트가 이구아수를 본 뒤 넋을 잃고 "가엾은(poor) 나이아가라"라고 했다고. 그게 다 상술인 거다. 가만, 그러고 보니 저 아저씨도 혹시 호객꾼 아냐? 폭포라야 제주도 '정방폭포' 정도나 알고 있던 기자의 착각은 딱 여기까지였다. 그랬다. 275개에 달하는 이구아수 폭포의 줄기 중에서 가장 포악하다는 '악마의 목구멍(Garganta do Diabo)'. 순간 숨이 딱 멎었다.

마치 폭포라기보다는 그저 흉물스럽게 생긴 악마가 입을 쩍 벌린 채 '파아' 거친 숨을 몰아쉬며 폭 2km가 넘는 이구아수 강을 통째로 벌컥벌컥 마셔 대는 엽기적인 모습이라니. 그 목구멍이 삼켜 대는 양도 상상 초월이다. 이구아수 폭포 평균 수량의 무려 5배에 달하는 초당 6만여 톤. 상상이 가는가. 물을 가득 실은 1톤 트럭 6만여 대가 일제히 그 목구멍 속으로 빨려 드는 가공할 만한 장면이.

악마의 목구멍으로 향하는 길도 험악했다. 브라질 국경을 넘어 아르헨티나로 진입했다. 보통 동선은 이렇다. 브라질 사이드에서 274개의 이구아수 폭포 줄기를 먼저 봐야 한다. 가이드에게 이유를 따져 물었더니 살벌한 답이 돌아온다. 우두머리 격인 악마의 목구멍을 먼저 보면 나머지 274개 폭포가 모두 시시해져 버린다는 것.

아르헨티나 사이드는 북부 푸에르토이구아수시가 거점이다. 국경경비대를 통과한 버스는 아르헨티나 이구아수 국립공원까지 20여 분을 내달렸다. 불과 1시간여 만에 화폐가 바뀌니 기분이 묘하다. 악마의 목구멍까지 안내하는 이동 수단은 앙증맞은 기차다. 첫 번째 역은 '카타라타스(Cataratas)' 역. 영화〈미션〉촬영지를 구석구석 둘러본다. 두 번째 정거장이 바로 악마의 목구멍 역이다. 기차에서 내리니

잔잔한 강을 따라 간신히 사람 2명이 지날 수 있을 정도의 좁은 철제 덱이 이어져 있다. 목적지를 찾는 건 식은 죽 먹기다. '고오오' 악마의 괴성이 귓전을 강하게 때리고, 앞서 가던 관광객들의 "아" 탄성이 여기저기서 터지면 바로 거기다.

주변을 에워싼 300여 명의 관광객이 난간을 따라 넋을 잃은 채 입만 벌리고 선 곳. 그랬다. 극과 극은 통하는 걸까. 지척에서 본 그 목구멍 속은 이율배반적으로 눈부셨다. 무려 20층 고층 아파트 높이인 82m의 낙차의 목구멍. 길이 700m, 폭 150m짜리 두꺼운 악마의 입술은 U자형으로 굽어져 있다.

그리고 그 속으로 연신 떨어져 내리는 초당 6만여 톤의 누런 물줄기와 거대한 포말. 난간을 꽉 잡았는데도 순간 몸이 쑥 달려 들어가는 아찔한 기분이 든다. 입을 쩍 벌린 채 한 10분쯤 지났을까. 고함 소리가 귓전을 때렸다. "신 기자, 카메라 커버!" 가이드의 경고가 아니었다면 아마 그 순간 '놈'의 먹이가 되었을지도 모르겠다. 그 짤막한 순간, 그 목구멍의 공포에 질려 혼이 빠진 채 눌러버린 카메라 셔터 숫자는 무려 256컷. 애지중지했던 카메라 커버가 폭포 아래로 떨어진 것도 까맣게 몰랐다. 가이드의 짤막한 주의사항이 귓전을 때린다. 이곳에서 '30분 이상 이 악마와 눈을 마주치지 말라'는 것. 1분엔 근심을, 10분 정도면 생의 시름을 삼켜버리는 이 순박한 폭포가 30분 눈을 맞추면 영혼을 가져간다고 중얼댄다. 그리곤 쐐기를 박는 한마디. 샌프란시스코 금문교와 뉴욕 엠파이어스테이트빌딩보다 자살이 잦은 세계에서 가장 위험한 곳이라는 것.

살벌한 투어 뒤에 기념품 가게에서 흥미로운 걸 발견했다. 검지와 중지 사이에 엄지손가락을 끼운 팔뚝 형상의 조형물. 이건, 영락없이 욕설의 상징인데 가이드는 이곳에서 '신의 가호'를 뜻하는 영험한 선물로 통한다며 킥킥댄다. 흠, 좋다. 나를 이역만리 지구 반대편으로 보내셨겠다. 데스크에게 선물로 낙점.

 여행 Tip

직항은 없다. 국적기는 보통 뉴욕을 경유한다. 도하를 경유하는 카타르항공이 상대적으로 저렴하다. 시간은 약 24시간.

'숨이 멎을 듯한 아름다움' 이구아수

맞다. 그 이름만으로 소름이 돋는 바로 그 '이구아수 폭포(Iguazu Falls)'다. 단언컨대 실망 제로 지대다. '설마 그 정도일까'라는 독자들에게는 감히 '기사 리콜'까지 선언한다. 실망스럽다면 직접 기자에게 연락 주시길.

■ 275개 살벌한 폭포의 협연

이구아수는 원주민(파라과이 과라니 인디오) 말로 '큰물(big water)'이라는 뜻이다. 글자 그대로 큰물이다. 놀라지 마시라. 무려 세 나라(아르헨티나, 브라질, 파라과이) 국경을 걸치고 유유자적 흘러간다.

폭포 전체의 폭? 차라리 말을 말자. 장장 4km다. 이 장대한 줄기를 따라 275개 폭포 군단이 어우러져 아찔한 장관을 만들어 낸다. 이구아수 폭포 군단의 평균 키(낙차)는 64m. 수직 길이로만 100m짜리 장신 '괴물'도 있다.

쏟아내는 물의 양? 끔찍하다. 우기(11~3월)에는 초당 1만 미터 3,000여 톤의 물이 한 번에 쏟아져 내린다. 단 1초만 이 물을 받아도 올림픽 규격 수영장 7개를 채울 수 있는 양이다. 이러니 폭포 돌아보는 데만 꼬박 이틀을 잡아야 한다. 시작은 브라질 사이드다. 274개의 잡다한(?) 폭포를 먼저 둘러본 뒤 다음날 아르헨티나 국경을 넘어가서 우두머리 악마의 목구멍을 돌아보고 온다.

브라질 사이드에서 보는 건 나름 이유가 있다. 전체 275개 폭포 군단 중 270개는 아르헨티나에 속한다. 하지만 폭포 군단 전체의 전경을 360도 3D 입체영화처럼 관람할 수 있는 곳은 브라질 쪽이다. 출발지는 포스두이구아수시. 시내에서 차로 20분 정도 달리면 이내 이구아수 국립공원이다. 입구에선 꼭 사야 할 게 있다. 다름 아닌 비옷이다. 물귀신 되기 싫다면 꼭 준비하시라. 시작점부터 '고오오' 묵직한 첼로의 저음이 귓전을 때린다. 계곡과 숲 사이로 난 산책로를 따라 5분쯤 걸었을까. 서서히 이구아수가 속살을 드러낸다. 275개 폭포는 차례차례 그 위용의 단계가 높아진다. 발단, 전개, 위기, 절정, 결말의 순서다.

첫눈에 박히는 건 영화 〈미션〉 촬영지로 유명해진 '삼총사 폭포'. 영화 속 가브리엘 신부(제러미 아이언스)가 맨손으로 기어오른 바로 그 아찔한 절벽이다. 잠깐이지만, 그가 연주한 오보에 소리가 흘러간 듯하다.

브라질 사이드의 하이라이트는 전망대다. 수십 개 폭포가 겹쳐 있는 그 절벽 바로 아래턱까지 직접 철판 덱을 밟고 가서 둘러보는 코스다. 걸음을 뗄 때마다 덱은 미세하게 출렁인다. 여기서부터는 단단히 비옷을 여며야 한다. 순식간에 물방울이 머리를 뒤덮는다. 비옷을 삐져나온 속옷은 이내 축축해진다. 폭포 바로 옆이 전망대. 엘리베이터를 타고 전망대에 올라가면 초당 1만 6,000톤의 물줄기가 떨어지는 장엄한 장관을 눈에 품을 수 있다.

■ **기어이 하고 와야 하는 '마쿠코 사파리'**

이구아수 폭포를 제대로 즐기는 방법은 마쿠코 사파리다. 이거 빠지면 정말이지 '팥소 없는 찐빵'이다. 그만큼 특별하다.

코스는 이렇다. 20분 정도 이어지는 열대림 오프로드 질주에 이어

고속 모터보트를 타고 이구아수 폭포 속을 헤치고 들어갔다 나오는 가공할 만한 프로그램이다. 우선 잊지 말아야 할 주의사항. 일단 모기약을 발라야 한다. 그냥 갔다간 모기에 난자당해 팅팅 부은 얼굴로 돌아올지 모른다. 기자를 태운 SUV는 열대림 사이 흙길을 쏜살같이 달려 나간다. 20분쯤 이어진 숲을 뚫고 나가면 이내 이구아수 강이 보인다. 선착장에서도 중무장은 필수다. 카메라를 포함해 심지어 소지품까지 모두 빼 두고 비닐 우의로 꽁꽁 감싼 채 출발해야 한다.

여기부터가 하이라이트다. 그냥 여유롭게 폭포를 관조하는 낭만보트 여행이 아니다. 25인승 모터보트는 시속 35노트(약 시속 60km)로 질주한다. 세상에, 겁 없이 질주하던 이 보트, 이구아수 275개의 한 폭포 앞에 잠깐 멈추는가 싶더니 그대로 폭포 아래로 쑥 들어가 버린다. 이게 그 달콤 살벌하다는 이른바 '이구아수 폭포 샤워'다. 머리털과 속옷이 다 젖어도 그 순간만큼은 행복하다.

헬기 투어도 필수. 젖은 몸을 말릴 새도 없이 6인승 헬기에 오른다. 하늘의 장관도 상상 초월이다. 무지개의 꼬리 끝으로 이어지는 '마의 목구멍'. 벌컥벌컥 초당 6만여 톤의 물을 연신 마셔 대는 그 '목구멍' 주변에 물안개가 펼쳐진다. 고개가 끄떡여진다. 프랭클린 루스벨트의 부인 엘리너 루스벨트가 왜 '가엾은(poor)' 나이아가라라고 했는지.

> **여행 Tip**
>
> • **마쿠코 사파리 투어**
> 이구아수는 익스트림 스포츠의 메카다. 명불허전 마쿠코 사파리는 온라인 사이트(www.macucosafari.com.br/en/macuco-safari)에서 예약할 수 있다. 성인 170브라질달러(헤알, 우리 돈 7만 8,000원 선). 어린이(7~12세)는 85헤알(3만 9,000원).
>
> • **캐논 이구아수**
> 이구아수 폭포 주변에서 집라인, 록 클라이밍(절벽 오르기) 등을 즐길 수 있는 아찔한 레저 프로그램이다. 역시 사이트(www.macucosafari.com.br)를 통해 예약하면 된다.

테마 해외여행 ⑭

가 볼 만큼 가 본 너, 북극곰, 펭귄도 만나 봤니?

식상하다. 봄에 신문, 잡지, 방송 여행면 펼치면 죄다 '꽃, 봄, 물, 산'. 지겹다. 뭐 좀 새롭고 이색적인 거 없을까. 생각이 여기까지 미치셨다면 그대는 비로소 이 여행에 동참할 만한 멘탈이 준비되신 거다. 심지어 지구의 끝 그린란드도 찍었고 세상의 허파 아마존까지 두루 돌았을 때, 그러니까 더 이상 갈 곳이 없을 때 마침내 눈을 돌리게 된다는 곳, 남극과 북극 극지 투어다. 이게 가능할까, 기자도 의심했다. 대한민국에 이 여행을 주선하는 곳이 있을지도 의문이었다. 그런데 있었다. 게다가 벌써 8년째 매년 대한민국 '여행 멘탈 갑'들을 파견하고 있었다. 세상의 끝, 그곳엔 과연 뭐가 있을까.

■ 북극, 옥색 빙하 한가운데서 야외 목욕

끝없이 펼쳐진 옥색 빙하. 멀리 북극곰 한 마리가 연신 팔을 휘저으며 물개를 사냥하고 있다. 순록 떼는 집에서 키우는 반려견처럼 현지인들 옆에서 애교를 부린다. 이 동화와 같은 풍경이 펼쳐지는 곳이 바로 노르웨이와 북극점 중간에 자리한 스발바르 제도다. 스피츠베르겐은 스발바르 제도를 구성하는 다섯 개 섬 중 하나다. 북극 투어 때 여행자들이 찾게 되는 도시 롱이어번이다. 이곳은 스피츠베르겐 행정 중심지이면서 북위 78도 13분에 위치한다. 지구상에서 사람들이 살고 있는 북단, 끝점의 도시다.

스발바르 제도 여름 평균 기온은 6도. 4개월간은 해가 지평선 아래로 내려가지 않는 백야가 펼쳐진다. 겨울 4개월간은 정반대다. 해가 뜨지 않는다. 밤만 이어진다. 이름하여 극야다. '스발바르의 마법'에 빠지면 낮만 계속되는 여름에 잠을 이루지 못하면서도 절로 이곳을 찾게 된다.

그래도 북극은 북극이다. 이곳은 한여름에 방문하더라도 방한 의류와 방한 장비를 반드시 갖춰야 한다. 북극곰이 언제 튀어나올지 모르니 개별 여행 역시 금지다. 보통 노르웨이 수도 오슬로에서 롱이어번까지 항공으로 이동한 뒤에 롱이어번에서 스발바르 제도 주요 섬

들을 둘러보는 크루즈 투어를 선택한다.

빙하를 보면서 즐기는 야외 목욕, 눈밭에서 펼쳐지는 트레킹이 백미.

> **여행 Tip**
>
> 13일 정도를 투어 기간으로 잡는다. 가격은 749만 원 선(세금, 유류할증료 포함). 노르웨이 오슬로에서 롱이어번으로 국내선 이동, 엑스페디션 크루즈에 승선한다. 날씨와 유빙 상태에 따라 항로는 그때그때 다르다. 모든 승객에게 북극 가이드북과 엑스페디션 파카가 제공된다. 고무장화는 대여 가능.

■ 남극, 기지 방문해 나에게 보내는 엽서 쓰기

거울 같이 맑은 남극해. 유유히 빙하와 유빙이 능청스럽게 그 위를 지난다. 섬세하게 끌로 깎아놓은 듯 매끈한 설벽. 원시 그대로의 절경에 이곳에 발을 디딜 땐 누구나 '아' 탄성을 뱉어낼 수밖에 없다. 게다가 TV에서나 볼 수 있는 야생동물들이라니. 펭귄 떼가 아장거리고, 바다표범이 동네 강아지처럼 곳곳에서 튀어나온다. 남극 여행이 뜬 건 1990년대 후반부터다. 놀랍게도 이곳 관광객 절반 이상은 중국인과 일본인이 차지한다. 한국에서만 머나먼 쏭바강 같은 곳이다. 남극 여행의 적기는 현지 여름이다. 아르헨티나 우수아이아에서 크루즈를 타고 가는 코스가 일반적이다. 파도가 매섭기로 유명한 드레이크 해협도 지난다. 남극 반도와 사우스셰틀랜드 제도 일대를 돌아본다. 하이라이트는 우체국이 개설된 기지를 방문해 우편엽서를 써 보내는 것.

항공편도 있다. 남극까지 가는 프로그램은 칠레 푼타아레나스에서 비행기를 타고 남극 킹 조지 아일랜드까지 이동한다. 푼타아레나스에서 킹 조지 아일랜드까지는 2시간 정도다. 드레이크 해협을 지나며 뱃멀미가 걱정된다면 하늘길, 필수 코스다. 킹 조지 아일랜드의 필즈 베이(Fildes Bay)에서 크루즈에 승선해 사우스셰틀랜드 제도와 남극 반도를 둘러보게 된다.

 여행 Tip

11일 코스가 일반적이다. 아르헨티나 우수아이아에서 크루즈를 타고 케이프 혼, 드레이크 해협을 지나 사우스셰틀랜드 제도를 돌아보고 킹 조지 아일랜드에서 항공 탑승, 칠레 푼타아레나스로 돌아온다. 11일 여행 경비는 897만 원 선(세금, 유류할증료 포함). 크루즈에서 숙박하며 남극을 탐험하는 코스도 있다. 조디악 보트 탑승, 펭귄 서식지 관찰도 포함. 랜딩 때 필요한 방수장화는 대여 가능하다.

■ 방한 장비 필수, 개별 여행 안 돼요

    대한민국에서 유일하게 신발끈여행사(www.shoestring.kr)에서 극지 투어를 경험할 수 있게 팀을 꾸리고 있다. 매년 10명 이상 대한민국 '여행 멘탈 갑'들이 출격한다. 사실 극지 투어, 알고 가면 편할 수 있다. 현지 여름 날씨를 잘만 찍으면 우리나라 초겨울 날씨 같은 분위기에서 투어가 가능하다. 신발끈여행사는 다른 '어드벤처 투어'도 준비하고 있다. 용암, 빙하, 초원 3개 극지를 탐험하는 아이슬란드 여행, 마추픽추와 우유니 소금사막을 찍고 오는 22일간의 남미 횡단 투어도 밀고 있다. 도전해 보시라.

06

바로 써먹는
실전 여행 팁

일종의 번외 편이다. 솔직히 말하자면 1~5편 사이에 뽑히지 못한 일종의 '서자 팁'이라고 보면 된다. 그래도 버릴 건 없다. 알아 두면 피가 되고 살이 되는 팁이니까. 최근에 기자도 새롭게 안 사실. 알뜰 여권이란 게 있었다. 이게 유용하다. 기자처럼 여행 자주 안 가는 분들을 위한 여권인 셈. 그러니까, 여권의 장수를 줄여서 여권 비용을 낮춘 거라고 보면 된다. 각국 국제공항에 있는 무료 시티투어버스를 이용하는 팁도 알아 두면 좋다. 사실 경유할 때 시간이 남는 게 가장 큰 문제다. 이걸 유용하게 이용할 수 있으니, 킬링 타임용으론 딱인 코스다. 해외여행 필수 앱도 꼭 내려받아 두고 여행에 임하시길. 알아 두면 편한 이색 나라별 에티켓도 재미 삼아 읽어 두시라.

바로 써먹는
실전 여행 팁

꼭 알아 둬야 할 여권, 국제면허증 상식

해외여행 때 가장 중요한 준비물 두 가지, 여권과 국제면허증이다. 이 두 가지 해부해 보자. 만 24개월 유아에겐 항공기가 공짜다. 그렇다면 여권은 있어야 할까. 물론 '예'다. '해외여행=여권' 등식은 태어나서 죽을 때까지 통용된다. 이게 유식한 말로 '1인 1여권 제도'라는 거다.

흥미로운 건 종류다. 요즘 등장한 게 '알뜰 여권'이다. 사증 스탬프를 받을 때 쓰는 종이 장수를 줄여 할인해 주는 여권이다. 18세 미만 나이의 청소년들은 유효기간이 짧은 5년짜리 여권도 만들 수 있다. 만 8세 미만의 아동이라면 국제교류기여금(1만 2,000원)이 면제되는 혜택이 있다는 것도 상식이다.

물론 지금은 없어진 제도도 있다. 대표적인 게 동반여권제도다. 8세 미만 어린이에게 별도 여권을 만들지 않고 부모 여권에 등록해 여행을 할 수 있도록 만든 룰이다. 2005년 사라졌으니 지금은 없다.

다시 종류 얘기로 돌아가 보자. 여권 종류, 놀랍게도 하나가 아니다. 복수 여권, 단수 여권, 거주 여권, 외교관 여권, 유효기간이 5년짜리, 10년짜리 여권 등 수종이다.

일반적으로 시민들이 가지고 있는 게 복수 여권이다. 간혹 오해가 불거지는 게 단수와 복수 여권의 구분이다. 심지어 단수 여권의 개념을 잘 몰라서 여행 당일 출발하지 못하는 경우도 있다.

단수 여권은 일회용이다. 문제는 유효기간이다. 단수 여권 유효기간란엔 '1년'이라는 기간이 적혀 있는데 이게 오해를 만들어 낸다. 이게 1년 이내에 몇 번이고 해외를 다녀올 수 있다는 의미가 아니다. 1년 이내에 딱 한 번만 여행이 가능하다는 뜻이다.

당연히 단수 여권으로 해외여행을 다녀왔다면 그 여권은 수명이 다한 것이다.

여행사가 미리 여권 사본을 받아가는 것도 이런 헷갈림을 방지하기 위한 차원이다. 간단한 구분법도 이참에 알아 두자. 이름 옆에 PM이라는 글자가 있으면 복수, PS면 단수다. 복수·단수 여권만큼 헷갈리는 게 중국 갈 때 쓰는 복수·단수 비자다. 마찬가지다. 단수 비자의 유효기간은 1년. 하지만 이건 횟수의 의미다. 두 번 이상 중국에 갈 일이 있다면 비용이 더 드는 복수 비자를 받아 둬야 한다.

국제운전면허증 발급도 은근히 신경이 쓰인다. 예전엔 구청에 가서 여권을 발급받아야지, 국제면허증은 따로 운전면허시험장이나 경찰서까지 다시 찾아가야 했으니 힘들 수밖에 없었다. 요즘은 확 달라졌다. 구청에서 한 방에 해결할 수 있다. 물론 모든 구청이 이 업무를 하는 건 아니다. 면허시험장과 업무 협약이 돼 있는 구청에서만 가능하다. 운전면허증, 증명사진(3×4cm) 1장, 수수료 7,000원을 준비하고 구청 1층 민원여권과를 방문해 여권과 함께 신청하면 된다. 면허증은 신청일 기준으로 4일 후에 여권과 함께 받을 수 있고 등기우편으로 받을 수도 있다.

주의할 것 하나. 국제면허증 단독 신청은 받지 않는다. 반드시 여권과 함께 신청해야 한다. 국제면허증 유효기간이 1년인 것도 알아두자.

'알뜰 여권' 이용법

'반전 여권'이 등장했다. 이른바 '알뜰 여권'이다. 만우절(4월 1일)을 기점으로, 각 지방 지자체들이 앞다퉈 알뜰 여권 발급을 독려하고 있다. 여권이라면 다 같은 여권일 텐데 '알뜰'은 또 뭘까. 자, 알뜰 여권 이용 팁, 나간다.

우선 여권 사증을 찍는 종이의 장수가 적다. 해외에 나갈 때 도장 쾅쾅(사증) 받는 종이의 장수가 24개면이다. 독자들이 지금 쓰고 있는 일반 여권은 사증란이 48개 면이다.

사실, 기자처럼 여행전문이 아닌 일반인들이 이 사증란을 다 채우리는 만무하다. 고작, 서너 장 찍고 나면 갱신기간 다가온다. 그래서 아예 장수를 팍 줄이고 가격을 낮추자는 취지에서 나온 게 알뜰 여권이다.

 구청에서 받는 알뜰 여권의 발급 가격(발급 수수료)은 사증란 48면 여권에 비해 3,000원이 싸다. 당연히 여권을 자주 사용하지 않아 사증란이 많이 필요하지 않은 국민들이 저렴하게 여권을 발급받을 수 있게 된 셈이다.

 단 유효기간에 따라 수수료가 달라진다는 점은 알고 있어야 한다. 유효기간 5년인 여권의 경우 48면 여권은 4만 5,000원인 반면, 알뜰 여권은 4만 2,000원. 유효기간 5~10년은 각각 5만 3,000원과 5만 원이다.

 발급 방법? 간단하다. 기자처럼 여행이 잦은 비즈니스맨이라면 예전처럼 일반여권을 그냥 발급받으면 된다. 단, 해외여행 기회가 적은 국민이라면, 이 알뜰 여권으로 바꾸면 된다.

 실제로 외교부 조사에서도 여권 사증면 이용률은 극히 적다. 유효기간 동안 10면 이내 사용 여행객은 87.2%에 달했고, 20면 이내 사용한 비율도 96.8%로 조사됐다. 10명 중 9명은 절반도 못 쓰고 있다는 얘기다.

알뜰 여권의 효과도 상당할 것으로 기대된다. 수수료 부담이 주는 것은 기본. 여권 제작비가 줄어드니 세금도 따라 준다. 외교부는 매년 평균 발급되는 320만 권의 여권 중 90%의 여권이 알뜰 여권으로 대체되면 국민의 여권 발급 수수료 부담이 약 80억 원 줄어들 것으로 기대하고 있다.

잊을 뻔했다. 종전 여권에 '자동입출국심사' 등록을 받아 놓으신 분들은, 다시 신청을 해야 한다는 것. 자동출입국심사 시스템은 여권 검사 시간을 획기적으로 줄이는 방법이다. 인천공항 3층에 있는 등록센터에서 사전에 딱 한 번만 등록해 두면 끝. 등록이 끝나면 여권 맨 뒷장에 '자동입출국심사 등록' 도장을 찍어 준다. 이용법도 편리하다. 텅텅 비어 있는 '자동출입국심사대'로 들어간 뒤 여권을 찍고 지문 확인만 받으면 끝. 걸리는 시간, 길어야 15초 정도다.

해외 신용 카드 이용 팁

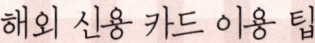

해외는 특별한 곳이다. 국내와는 모든 게 판이하게 다르다. 대표적인 게 '신용 카드 이용법'이다. 무턱대고 긋다간 큰코다친다. 해외에서 신용 카드 쓸 때 꼭 알아 둬야 할 '베스트6' 팁이다. 물론 기자 개인적인 사견이면 신뢰도가 떨어질 터. 그래서 살짝 전문가 팁을 인용한다. 금융감독원 금융소비자보호처가 내놓은 금융상식편의 요약 정리다. 그러니 믿고 활용해 보시라.

추가 수수료가 붙는다

카드 쓸 때 그냥 넘어가는 것 중 하나. 결제 과정에서 원화냐 현지 통화냐를 선택해야 하는 순간이다. 이 한순간의 선택이 '수수료'를 결정한다. 현지 통화 대신 원화 결제를 선택하면 실제 물품, 서비스 가격에 3~8% 수준의 수수료가 추가된다는 것, 꼭 기억해 두실 것. 그러니 웬만하면 '현지 통화'를 선택하시라.

출입국 정보 활용, SMS 서비스는 꼭

카드사 홈페이지에 '출입국 정보 활용'에 동의하는 절차도 있다. 국내에 입국하고 난 뒤 해외에서 발생하는 신용 카드 부정 사용을 방지하기 위한 차원이다. 휴대전화 알림서비스(SMS) 신청도 잊지 마실 것. 국내뿐 아니라 해외에서 사용한 신용 카드 결제 명세를 휴대전화로 즉시 확인할 수 있는 방편이다.

분실 때는 긴급 대체 카드 서비스가 있다

참으로 난감할 때가 있다. 국내도 아닌 이역만리 해외에서, 그것도 신용 카드를 분실하거나 도난당한 경우다. 이럴 때는 당황하지 마시라. 체류 국가의 '긴급 대체 카드 서비스'를 이용하면 된다. 유사시 각 나라 카드사별 긴급 서비스센터를 이용하면 1~3일 이내에 새 카드를 발급받을 수 있다.

여권과 카드 영문 이름 확인

기자가 늘 당하는 불편함이다. 여권상 기자 이름은 'Shin Ik Soo'. 그런데 국내 신용 카드에는 'Shin Ick Soo'라는 영문명을 쓴다. 일부 민감한 나라에서는 여권상 영문 이름과 신용 카드상 이름이 다르면 카드 결제를 거부한다.

본인 서명과 카드 뒷면 서명이 일치하지 않아도 거부하는 사례가 있으니 꼼꼼히 체크해 보실 것.

출국 전 신용 카드 결제는 꼭 확인

가끔씩 일어나는 황당한 일이다. 장기간 해외 체류 때 국내 통장 잔액과 카드대금 결제일을 확인하지 않고 떠났다가 뜻하지 않게 결제 연체가 돼 버린 거다. 이럴 때 난감하다. 당연히 카드 사용에 제한을 받게 되니 주의하실 것.

체류기간에 결제일이 돌아오는 경우 출국 전에 꼭 결제대금을 확인해 보고 떠나야 한다.

신용 카드 사용 가능 한도, 유효기간도 확인

돌다리도 짚어 보고 건너야 한다. 무심코 긁다 보면 한도를 초과하는 일도 있을 수 있다. 한도 초과는 곧 거래 정지. 가끔 해외 체류 중 카드 유효기간이 지날 때도 있다. 유효기간이 지나버리면 분실, 도난 위험 때문에 새로 발급된 카드 발송 자체가 불가능해진다. 해외 체류 기간에 유효기간이 만료된다면 미리 카드사에 연락해 갱신을 해 둬야 한다.

비트코인으로 여행 가는 법

세상 참 빠르다. 요즘엔 비트코인으로 여행까지 가능한 시대다. 비트코인만으로 세계 일주에 나선 별난 부부가 화제에 오른 적이 있다. 무려 101일간 세계 3개 대륙을 현금 없이 돌아다닌 것이다. 주인공은 오스틴 크레이그(30)와 베시 빙엄 크레이그(29) 부부. 이들이 여행을 시작한 곳은 미국 유타주 프로보. 이후 독일 베를린, 스웨덴 스톡홀름, 싱가포르 등을 거쳤다. 이 부부는 음식에서 가스까지 모든 것을 비트코인(당시 환율 1비트코인=98달러)으로 지불했다고 한다.

'멜팅포트(melting pot)' 홍콩이 가장 발빠르게 움직이고 있다. 스마트폰 초기 시절, 애플리케이션으로만 여행이 최초로 가능했던 곳도 홍콩. 최근엔 비트코인만으로도 별 불편 없이 투어를 즐길 수 있다.

오현석 한인텔 대표는 필수품으로 비트코인 사용이 가능한 곳을 콕콕 집어주는 애플리케이션을 깔아둘 것을 권한다. 이른바 'bitmap'이다. 앱스토어에서 검색만 하면 바로 뜬다. 현재는 유료. 애플 진영에선 1.99달러. 이걸 깔면 전 세계 어디에 있든 주변 지역에서 비트코인을 쓸 수 있는 매장을 실시간으로 지도와 함께 안내해 준다. 오렌지색 화살표 안에 B라고 표시된 곳을 찾아가면 끝.

홍콩엔 의외로 비트코인을 쓸 수 있는 곳이 많다. 여행 중 옷을 버렸다면 고급 양장점 라자패션(www.raja-fashions.com)으로 가면 된다. 비트코인 결제가 가능하다.

연인과 함께라면 꽃 구입도 비트코인으로 할 수 있다. 멋진 홍콩 꽃으로 비트코인 프러포즈가 가능한 곳은 플라워딜리버리(www.flowerdeliveryhongkong.com). 피곤하시다고? 비트코인 마사지숍도 있다. 포인트는 홍콩마사지(www.hongkongmassage.com).

비트코인 여행을 위한 필수품으론 우선 지갑 마련. 진짜 지갑이 아니다. 비트코인 지갑이다. 국내 최초 비트코인 거래소 코빗(korbit)에서 비트코인 지갑을 만든 후 앱을 내려받으면 된다.

다음은 호텔, 비행기, 기차 예약. '현지의 발'을 미리 예약해 둬야 한다. 대표적인 곳은 비행기 티켓과 전 세계 호텔 가맹점 예약 서비스인 칩에어(CheapAir.com)다. 2013년에 비행기 티켓 예약에 비트코인 결제를 도입한 이래 올해 초 전 세계 20만 개가 넘는 호텔 가맹점으로 결제 범위를 넓혔고, 최근에는 암트랙(Amtrack) 기차 예약에도 비트코인 시스템을 도입했다고 한다. 암트랙은 미국, 캐나다에 기반을 둔 기차와 버스를 운행하는 대형 운송회사다. 스페인 여행전문회사인 데스티나(Destina.com)도 기차표 결제에 비트코인을 쓸 수 있다.

만약, 여행을 하다 비트코인이 떨어진다면? '마이실리움 월렛(Mycelium Wallet)' 애플리케이션을 활용하면 된다. 마이실리움은 로컬 트레이더로 불리는 면대면 거래 시스템이다. 온라인 거래소를 통하지 않고 직접 만나서 면대면으로 거래할 수 있는 구조다. 앱을 깔면 지도상에 마이실리움 시스템을 쓰는 다른 유저를 손쉽게 찾을 수 있다. 그들과 만나 직거래를 통해 비트코인을 구입하면 된다. 판매자는 앱을 통해 판매 광고글을 올릴 수 있다. 심지어 각국에 로컬 트레이더가 몇 명 있는지도 실시간으로 볼 수 있다. 심원보 여행박사 홍보팀장은 "아직 태동기이긴 해도 비트코인만으로 충분히 외국 여행을 할 수 있다는 점이 흥미롭다"며 "홍콩과 일본은 올해 안에 현금 없이 비트코인만으로 아무런 불편 없이 여행을 할 수 있게 될 것"이라고 말했다.

외국관광청 홈페이지, 할인쿠폰으로 꽉 찼네

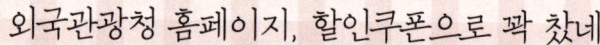

외국 여행을 떠나기 전 의외로 간과하는 게 해당 나라의 관광청 홈페이지다.

관광청은 그 나라의 얼굴이다. 그만큼 정확한 정보를 제공한다. 금쪽같은 정보 말고도 군침이 도는 게 있다. 알뜰 여행족의 필수 아이템 '할인 쿠폰'이다. 잘만 쓰면 비용을 확 줄일 수 있다.

대만 관광청(www.tourtaiwan.or.kr)은 '여행타이완, 감동100' 이벤트를 분기별로 펼친다. 가장 유명한 게 '야시장 이용권(100위안)'이다. 쓰린, 닝샤, 화시제, 펑자 등 유명 야시장을 모두 돌아볼 수 있다.

스위스 방문을 앞두고 있다면 관광청 홈페이지(www.myswitzerland.

co.kr) 방문은 필수다. 취리히, 융프라우, 베른, 체르마트, 루체른과 제네바 호수 지역의 기차, 케이블카 할인 쿠폰을 모조리 내려받을 수 있다.

지역 소개, 호텔, 레스토랑 정보, 여행 팁 등이 수록된 공짜 브로슈어도 챙길 수 있다. 취리히, 루체른, 레만 호수에 대한 MP3 여행 가이드도 공짜다.

싱가포르 관광청 홈페이지(www.yoursingapore.or.kr)는 여행 전문 서적《론리 플래닛》보다 낫다. 할인 쿠폰은 기본. 그 유명한 나이트사파리와 주롱 새 공원 입장권 20% 할인, 히포 리버 크루즈 20%, 덕투어(오리버스) 15%, 시티투어 20% 할인 혜택도 덤이다. '스타와 함께 하는 동영상 투어', '여행 계획을 짜 주는 플래너' 코너도 꼭 둘러봐야 할 코너.

홍콩 관광청 홈페이지(www.discoverhongkong.com/kor)는 그 자체로 홍콩 백과사전이다. 관광, 쇼핑, 이벤트, 먹을거리 정보를 한눈에 확인할 수 있다. 최근엔 가이드북 애플리케이션 무료 다운 공간까지 생겨 두 배로 유용하다. '테마 in 홍콩' 코너에서는 테마 있는 여행 계획도 짤 수 있다. 답답하면 그냥 가이드북을 신청하면 된다. 택배로 친절하게 보내준다.

여행 이벤트 당첨 비법

여행 비수기가 있다. 이른바 3.6.9. 쉽게 말해 3월, 6월, 9월이다. 당연히 여행사들이 줄줄이 '폭탄 이벤트'를 쏟아 낸다. 대표적인 게 '여행 경품 이벤트'다. "이런 거 운이 아니냐"고 묻는다면 독자들, 순진한 거다. 철저히 준비한 자에게 당첨 행운이 떨어지는 법이다. 여행 고수들도 꼭꼭 숨기는 '여행 이벤트 당첨 비법'이다.

첫 번째는 이벤트 주기 파악. 이벤트에도 주기가 있다. 예컨대 5월 5일 어린이날, 12월 연말 앞둔 시기, 그리고 비수기 때다. 당연히 한 달 전 정도에 그 이벤트 날에 맞는 감동적인 사연을 준비해 둬야 한다.

출제자(?)의 의도를 파악하는 것도 중요하다. 이거 생각보다 중요하다. 만약 유명 브랜드 위스키를 수입하는 한 주류회사가 공짜 여행 이벤트를 진행한다면, 여행 계획서 내용 달라져야 한다. 위스키는 40대 이상 중년 남성들이 선호하는 주류다. 상황이 이런데도 신세대들이 소비의 주류로 떠오른다느니 꿈과 낭만이 흐르는 여행계획서를 낸다면 100% 떨어진다.

다음은 응모 첫날을 놓치지 말 것. 부지런해야 한다. 경품 담당자들이 가장 눈여겨보는 날은 이벤트 시작 당일이다. 당연히 첫날 응모다. 꼼꼼히 살필 수밖에 없다. 이날, 아이디나 이름이 담당자 눈에 쏙 박힐 만큼 멋진 계획서를 낸다면, 당첨에 한 걸음 더 가까워진 거다.

요일의 마법도 있다. 이벤트 당첨 확률이 가장 높은 요일은 다름 아닌 월요일이다. 이벤트꾼에게 '월요일 응모' 이건, 굴러 들어온 떡이나 마찬가지다. 이벤트 응모가 몰리는 주기는 보통 주말이다. 누구나 시간이 많고 심적 여유가 생기기 때문이다. 마음이 바빠지는 월요일, 경쟁률이 떨어질 수밖에 없다. 일별로 추첨하는 여행 이벤트라면 월요일이 당첨 확률이 가장 높다.

새로 오픈하는 여행 사이트 이벤트, 이것도 꼭 물어야 한다. 인지도가 낮으니 당첨 확률이 높을 수밖에 없다. 평소 주거래 은행처럼 그 사이트를 자주 방문해 두는 것도 잊지 말자. 은행도 자주 찾는 주거래 고객에겐 대출 금리를 조금이라도 더 깎아주는 법이다. 충성도가 높은 만큼 당첨 확률이 함께 높아진다.

무료 시티투어버스 100% 활용법

외국 여행을 하다 보면 간혹 이런 일이 있다. 시간이 남아돌아 진짜 '킬링 타임'을 해야 할 때다. 이럴 때 요긴한 게 있다. 바로 시티투어버스 서비스다.

이게 쏠쏠하다. 가장 매력적인 건 공짜라는 것. 게다가 진국 여행지만 콕콕 집어서 간다. 아, 가장 큰 강점은 공항 근처에서 주로 출발한다는 것.

그런데 이거, 잘 모른다. 잘만 골라 타면 그 도시의 숨은 '대박' 여행지를 득템할 수도 있는 행운까지 누릴 수 있는 '알짜 공짜' 코스가 시티투어버스다.

공짜 시티투어버스 메카는 카타르 도하, 대만 타이베이, 싱가포르 등지다. 주로 스톱오버(경유)가 많은 곳이다. 당연히 경유하기까지 남는 시간에 시티투어버스로 킬링 타임 하면 된다.

가장 먼저 카타르 도하. 카타르 항공과 카타르관광청이 지난 2월 공동으로 선보인 알짜 투어가 무료 시티투어버스다. 요즘은 도하도 경유지로 뜨고 있다. 한국에서 브라질로 갈 때 카타르 항공을 타면 도하를 찍는다.

도하 국제공항 환승 시간이 5시간 이상, 12시간 미만인 여행객이면 누구나 이용할 수 있다. 방법도 간단하다. 공항 내에 위치한 도하 시티투어 카운터에 신청만 하면 끝. 매일 오전 8시와 10시, 오후 1시와 7시 30분에 각각 출발이다. 투어 시간은 대략 3시간. 코스도 기가 막힌다. 도하 시내 랜드마크 여행지만 골라서 돌아보게 된다. 아쉬운 건 있다. 매회 선착순 26명으로 인원 제한이 있다는 것. 사전 예약도 안 된다. 발 빠르게 발품 팔아야 기회를 잡을 수 있다.

타이베이에도 공짜 시티투어버스가 있다. 이름하여 무료 반일 투어

(Free Half-day Tour). 대만 교통부 관광국이 제공하는 관광 서비스다.

타이베이 관문인 타오위안(桃園) 공항에서 7~24시간 체류 시 공항 입국장 여행자 서비스 센터에 신청하면 된다. 모닝 투어는 오전 8시(제2터미널), 8시 15분(제1터미널)에 시작한다. 돌아오는 시간은 오후 1시. '애프터눈 투어'는 오후 시간대를 누빈다. 오후 1시 30분(제2터미널), 1시 45분(제1터미널)에 시작해 오후 6시 30분에 끝. 역시 선착순이다. 매회 18명까지 인원 제한을 두니, 서둘러야 한다. 기억할 것 한 가지. 버스 안에는 수납공간이 없다. 손가방 외에 모든 짐은 공항 내 수하물 서비스 카운터에 맡겨놓고, 여행을 즐기면 된다.

싱가포르 창이공항 역시 공짜 시티투어버스 메카다. 5시간 이상 머무르는 환승객은 2시간 코스인 무료 싱가포르 투어(Free Singapore Tours)를 이용하면 된다. 헤리티지 투어(Heritage Tour)는 오전 9시와 11시 30분, 오후 2시 30분과 4시에 각각 출발한다. 멀라이언 파크와 함께 차이나타운, 리틀 인디아 같은 명물 포인트를 콕콕 집어 돌아본다. 밤 투어도 있다. 시티 라이트 투어(City Lights Tour)다. 이건 오후 6시 30분 출발이다.

바로 써먹는
실전 여행 팁

해외여행 필수 앱

요즘 유행하는 여행 고수 판별법. 간단하다. 스마트폰에 깔린 '앱'의 면면만 보면 된다. 여행 고수의 앱은 달라도 뭔가 다르다. 그래서 이번 팁은 해외여행 다닐 때 꼭 깔아두고 써먹어야 할 '필수 앱' 리스트다.

무조건 깔아야 하는 '해외안전여행' 앱

두말 필요 없다. 그냥 깔아두시라. 외교부가 운영하는 '해외안전여행' 앱이다. 해외 돌발 사건 사고 발생 때 모든 대처 요령을 알려주는 '내 손 안의 영사관'이다.

상황별 대처요령에선 분실, 도난, 소매치기, 강도, 길 잃음, 구조요청, 교통사고, 질병, 사망, 체포, 구금, 피랍, 테러, 지진, 해일, 화재, 운항 지연, 결항 등일 때 대처법을 배울 수 있다. 비상연락처 안내도 요긴하다. 영사콜센터뿐 아니라 전 세계 170개 재외공관 연락처, 전 세계 110여 국가의 경찰서, 소방서, 구조대 신고번호와 함께 한국 취항 항공사, 한국의 11개 여행자 보험사, 국내 9개 주요 카드사, 50개국 주요 렌터카 콜센터 전화번호 등이 총망라돼 있다.

항공 정보 다 있는 '스카이스캐너'

요것도 여행 고수들의 필수 앱이다. 항공권 가격의 입체적 분석이 가능한 게 가장 큰 강점이다. 실시간 항공권을 기간, 지역별로 검색할 수 있다. 당연히 가격대도 같이 표기되니, 가장 저렴한 항공사를 뽑아낼 수 있다. 이렇게 찾은 일정을 이메일이나 페이스북, 트위터를 통해서 받아 볼 수 있다.

손안의 번역사 '저스트 터치 잇'

공공의 적, 언어. '저스트 터치 잇'은 이런 소통 문제를 한 방에 해결해 준다. 병원, 약국, 물품 분실, 호텔 위치 등 해외여행 시 다양한 상황에서 활용될 수 있는 273개의 픽토그램에 한글과 외국어가 함께 표기돼 있다. 외국어 음성도 지원하니, 외국어를 몰라도 바로 의사소통이 가능하다. 일단 써 보시라. 깜짝 놀란다.

스마트폰으로 적는 나의 여행기

인간은 기록의 동물이다. 여행 기록을 남기고 싶다면 '여행노트'가 제격. 자신의 여행기를 실시간으로 등록할 수 있는 앱이다. 저장된 데이터베이스 내의 장소를 선택하거나 새로운 장소를 추가해 '나만의 여행기'를 작성할 수 있는 게 매력. 저장된 데이터베이스를 바탕으로 내 주변 관광지를 검색할 수도 있다.

해외 맛집은 '레스토랑 니어바이'로

해외 각국의 천차만별 맛집. 이 앱 하나로 끝이다. '레스토랑 니어바이' 앱을 활용하면 손쉽게 현지 식당 위치를 파악할 수 있다. 이 앱은 주변의 레스토랑을 검색해 지도로 표시해 주니, 찾아가는 길도 한눈에 확인할 수 있다. 레스토랑 정보와 별점, 리뷰 역시 매력. '아메리

칸'이나 '아시안' 같이 선호하는 음식의 종류를 검색할 수 있는 것도 강점이다. 이젠 헤매지 말자.

해외에서 BMW 택시 탄다, 우버(www.uber.com)

터치 한 번에 택시가 온다. 물론 한국도 가능하다. 게다가 벤츠급이다. 그러니 열광하지 않을 수 없다. 한 번의 터치로 실시간 승객과 기사를 연결해 주는 게 '우버(Uber) 앱'이다. 전 세계 36개국 118개 도시에서 서비스를 받을 수 있다. 언어 제약도 없다. 한국어를 비롯한 16개 국어를 쓸 수 있다. 방법도 쉽다. 목적지를 앱 상에서 설정하면 5분 안에 우버의 차량과 기사가 달려온다. 각 도시의 라이프스타일 특성을 고려한 옵션도 있다. 택시보다 최고 40%까지 저렴한 'UberX'는 기본. 택시기사와 승객을 연결하는 'UberTAXI', 블랙카 서비스 'UberBLACK'도 있다. 결제를 할 필요도 없다. 그냥 내리면 된다. 하차 한 뒤엔, 사전 입력된 신용 카드로 자동 결제가 되니 말이다.

지도 종결자, 구글 맵(www.google.com/mobile/maps)

두말하면 입 아픈 스마트 앱이 구글 맵(Google Maps). 최근 업데이트 후 오프라인에서도 쓸 수 있다. '오프라인 사용을 위해 지도 저장'을 선택하면 끝. 휴대 전화에 지도를 저장할 수도 있고, 저장 한 모든 오프라인 지도의 목록을 볼 수도 있다. 대중 교통 및 도보의 옵션 외에도 차량과 연결하는 우버(UBER) 이동 경로 탐색 기능이 있다. 우버 이용 땐 차량 연결과 도착 예상 시간까지 확인할 수 있으니 일석이조. 트레이드 마크인 스트리트뷰, 3D 지도 등을 사용하여 공항, 호텔, 상점, 박물관 등의 실내 이미지까지 검색이 가능하다. 맛집 검색도 강추.

숙박 공유 서비스, 에어비앤비(www.airbnb.co.kr)

예산에 맞춰 현지 이색 숙소를 공유해 쓰는 놀라운 서비스다. 혼자만의 원룸형 공간을 빌릴 수도 있고 현지인의 집에 머물며 삶과 문화를 더 가까이서 체험할 수도 있다. 에어비앤비(Airbnb)는 현재 192개국, 34,000개 도시에서 사용이 가능한 다양성이 강점. 앱에선 가격,

편의시설, 주인장 구사 가능 언어 등에 따라 결과를 필터링한 뒤, 예약 가능한 숙소를 실시간으로 알아볼 수 있는 게 매력.

통역 비서, 지니톡(genietalk.etri.re.kr/korean.html)

지니톡(GenieTalk)은 한국전자통신연구원에서 개발한 양방향 자동 통역 앱이다. 한국어, 영어, 일어, 중국어 등 4개 국어가 자동 통역된다. 당연히 언어가 서툴다면 꼭 장착해야 할 무기다. 사용법도 간단하다. 화면 맨 아래에 있는 메뉴를 꺼내 환경설정으로 들어가 사용언어와 통역언어를 선택하면 끝. 다시 메인 화면으로 돌아와 말을 하면 된다.

바로 써먹는
실전 여행 팁

알아 두면 편한 '이색 에티켓'

해외여행 때마다 애매한 것 한 가지. 나라별 '에티켓'이다. TQ(Travel IQ) 높이는 데 꼭 필요한 상식이다. 아래는 하나투어에서 공을 들여 정리한 '나라별 에티켓' 리스트다. 외워 두시라.

먼저 중국 편. 중국에서 시계와 우산 선물은 금물이다. 괘종시계의 '종'이 끝을 의미하는 한자 '종(終)'과 발음이 같아서 죽음을 뜻한다고 한다. 우산 역시 중국에선 이별의 의미다. 생선 먹을 때 뒤집는 것 역시 삼갈 것. 중국인들에게 생선은 '배(ship)'이다. 뒤집는 순간 배가 뒤집히는 불길함의 상징이 된다. 술잔을 채워 담는 것도 에티켓. 반대로 찻잔은 반만 따르는 게 예의다.

다음은 러시아 편. 러시아에선 신발 밑바닥을 보면 안 된다. 상대방을 무시하는 행동이다. 꽃을 준비할 때는 꼭 '홀수'로 사갈 것. 짝수는 장례식용이다. 또 있다. 노란색 꽃은 안 된다. 죽음의 의미다. 러시아 여행 중에 공연 관람 후 휘파람을 부는 행위도 실례다. 찬사가 아니라 불만족의 표현이 휘파람이다. 그러니 박수를 치실 것. 잊을 뻔했다. '최고'라는 의미로 엄지를 추켜세우는 것도 주의해야 한다. '나는 동성애자'라는 뜻이다.

'에티켓'이란 용어의 원조인 프랑스 편 상식도 알아 두셔야 한다. '어버이날 선물=카네이션' 고정관념부터 깨야 한다. 프랑스에서 카네이션은 장례식장에서 쓰는 국화의 의미다. 가정집에 초대를 받았다면, 10분 정도 늦게 도착하는 것도 예의다. 예의 차린다고 일찍 도착한다면 그건 준비를 방해한다는 뜻이다. 'OK 사인' 역시 삼가야 한다. '가치 없다, 형편없다'는 뜻으로 통용된다. 엄지와 검지로 동그란 모양을 만드는 이 사인은 파리뿐 아니라 브라질에서도 외설스러운 욕으로 통한다. 함부로 OK 사인 날리지 마시라.

겨울, 필수 해외여행 방문지 필리핀에서도 주의해야 할 에티켓이 있다. 일단 OK 사인은 역시 요주의. 'Give me the money!'라는 뜻이다. 기어이 OK 사인을 날리고 싶다면 엄지손가락을 추켜세우면 끝. 'stupid(어리석은)'란 단어도 조심스럽게 써야 한다. 스페인 지배를 받았을 때 스페인 국민이 필리피노들을 '스튜피드'라 불렀는데, 지금은 '저주한다'는 의미로 쓰인다. 코 푸는 것도 주의하실 것. 단, 식사 장소에서 트림은 '꺽꺽' 큰 소리로 해도 된다. 아주 맛있게 잘 먹었다는 의미여서다.

이웃 나라 태국 여행 때도 지켜야 할 게 있다. 아장아장 걷는 귀여운 꼬마들 머리 함부로 쓰다듬었다간 큰일 치른다. 태국인들에게 가장 중요한 신체 부위는 머리다. 예쁜 여인 오래 쳐다보는 것도 금지. 싸우자는 뜻이다.

여행 팁 버킷리스트

휴가철 강력 팁 방출한다. 이름하여 당신의 삶을 영원히 바꿀 최고의 여행 팁. 물론 온전히 기자 개인의 팁은 아니다. 요세프 러너(Yosef Lerner)라는 분이 정성껏 올린 40가지 팁 중에서 추린 거다. 그래도, 어떤가. 삶을 바꿀 팁이라는데.

온라인 비행기, 호텔 예약 땐 무조건 새 창에서 할 것

말도 안 되는 것 같지만 팁은 팁이다. 여행사 사이트는 집요하다. 대부분, 당신의 방문 기록을 실시간으로 추적하고 있다. 공포스러운 사실 한 가지. 당신이 재방문했다는 이유로 단순히 가격을 올릴 수 있다는 거다. 무조건 새 창을 띄운 다음 예약하시라.

티켓 구입은 화요일 오후 3시 이후에 하라

'Southwest'나 'JetBlue' 같은 저가 항공사들은 대부분, 월요일 저녁 타임까지 이벤트를 쏟아낸다. 대형 비행사들은 이것을 지켜본 뒤, 비행기 가격을 화요일 오후 3시 이후 내린다. 바로 이때를 노려야 한다.

옷은 접지 말고 말아 넣을 것

단순하지만 강력한 팁이다. 기자 역시 이 노하우 자주 추천한다. 트렁크 짐 쌀 때 '최고의 팁'이다. 옷은 무조건 동글동글 말아 넣어야 한다. 엄청난 공간을 아낄 수 있다. 양말은 아예 신발 안에 넣어 보관할 것.

안경 케이스에 충전기, 이어폰을 보관할 것

간단한 팁 중 하나다. 그냥 뒹굴대는 안경 케이스. 이 안에 충전기와 이어폰을 보관하면 깔끔하게 해결할 수 있다.

충전 플러그 대체품이 있다

유용한 팁이다. 가장 낭패스러운 경우가 벽면에 꽂는 충전 플러그를 잊어버렸을 때다. 난감하다. 이럴 땐 당황하지 말고, 호텔방 TV 뒷면을 그냥 '빡' 보면 끝. TV 뒷면에 USB 연결 슬롯(단자)이 있으니 여기에 꽂으면 된다.

공항 화장실은 두 번째 것부터 사용하라

당연한 이치겠지만 공항 터미널의 첫 번째 화장실, 가장 복잡하다. 긴 줄을 피해서 다음에 나오는 화장실을 이용하는 게 팁이다. 조금만 참으면 된다.

공항 체크인 검색대 신속 통과법

가장 짜증 나는 게 체크인 검색대에서다. 이거, 의외로 시간 많이 걸린다. 심지어 동전까지 일일이 꺼내야 하는 상황이라면. 이럴 때도 노하우가 필요하다. 컨베이어 벨트에 다다르기 전, 당신이 가진 지갑,

키, 휴대폰, 동전까지 모두 가방에 넣어 두면 된다. 가방에서 한 방에 체크가 가능하니 시간을 아낄 수 있다.

공항 공짜 와이파이 쓰는 법

일종의 해킹이다. 그러니 이 노하우만큼은 조심해 써먹으실 것. 공항에서 어떤 URL 뒤에라도 '?.jpg'라고 치면 비싼 와이파이 비용 없이 인터넷을 이용할 수 있다. 아니면 인포메이션 데스크에 확인을 해보면 의외로 공짜 와이파이를 쓸 수 있는 곳이 있다. 그래도 안된다고? 그렇다면 항공사 라운지의 바로 옆이다. 밖에 앉아서 벽을 통해 잡히는 와이파이 신호를 활용해 보실 것.

테마 해외여행 ⑮

은밀하게 화끈하게 '설탕' 투어

　벗었다. 홀라당. 아니다. 수건으로 중요 부위는 가렸다. "괜찮겠어요?" 같이 온 기자가 다짐하듯 묻는다. "뭐, 어때요." 애써, 담담한 척이다. 맞다. 이럴 땐 방법이 없다. 뻔뻔해져야 한다. 심호흡. 드르륵. 문을 연다. 무려 40년. 그 기간 학수고대하며 기다려 왔던 판도라 상자, '남녀혼탕'의 문. 그게 열린다. 아뿔싸! 그런데, 이게 뭐야. 뿌옇다. 탕 안도, 물속도.

日 아오모리 온천 '스카유', 남녀칠세부동석? 350년 묵은 혼탕!

　세상에, 속았다. 이건, 아니다. 얼마를 기다렸는데. 어떻게 왔는데. 순간, 왔던 길이 스쳐 간다. 일본, 하고도 북도호쿠 지역 삼총사 현 중 으뜸인 아오모리. 그 중심에 있는 휴화산 하코다 산 중턱을 넘어 해발 1,000m 넘는 곳까지 한달음에 왔다. 촉수는 오직 한 곳에만 쏠렸다. 남녀혼탕 스카유. 게다가, 역사, 무려 350년이다.

당연히, 보이는 게 없었다. 20만 년 전 화산 분화에 의해 만들어졌다는 해발 약 400m에 위치한 도와다호도 그냥 스쳐 갔고, 지류로 14km를 뻗은 계곡, 오이라세 계류 앞에서는 "사진 좀 찍자"는 동료 기자들에게 "더, 멋진 게 있다. 날 믿으라"는 협박 반, 감언이설 반 회유책으로 통과했다.

"아" 하는 탄성이, 모두의 입에서 터져나온 건, 불만이 소형 버스 안을 가득 채울 무렵. 도로변, 앙증맞은 우윳빛 연못에서 김이 모락모락 피어나오는 거였다. '지옥의 늪(지고쿠누마)'. 화산 열기에 자연스럽게 데워져, 생명이 살 수 없는 뜨거운 온천으로 변한 곳이다.

잠깐 하차. 다들, 신기한 듯 술렁거린다. 그럴 만도 하다. 온양, 도고 온천 같은 탕이야 많이 봤겠지. 하지만 실제 온천수가 모인 늪은 처음인 게다.

지옥의 늪을 지나 5분쯤 더 가면 나오는 곳이 스카유다. 역사만 350년. 아오모리현에서 최고로 치는 남녀혼탕이다.

그렇게, 잔뜩 기대를 하며 찾은 곳인데. 정말이지, 아니다. 기자뿐만 아니다. 같이 간 남자 기자들, 단체 '멘붕'이다. 밝고 청명한, 탕 안. 삼다수보다 투명한 온천수 안에서 남녀가 함께 '유유자적' 온천을 즐기는 장면을 상상했을 테니깐.

눈치 챈 가이드, 킥킥 댄다. 단체로 째려보자, 1초 만에 답이 튀어나온다. 일본, 대부분 남녀혼탕의 물은 탁한 게 정상이다. 그러니, 편히 목욕하시란다. 설명대로다. 수증기로 가득 차 있어 시계가 잘 보여야 2~3m 정도인데, 탕 속 물까지 희뿌연 색이다. 째려보고 부릅떠 봤자다. 보일 리 없다. 결국, 무념무상, 마음을 비운 채 탕에 풍덩.

사실, 스카유 시설은 열악해 보인다. 70년대 촌구석 욕탕 같은 분위기다. 내부도 마찬가지다. 그저 대형 탕 3개만 덩그러니 놓여 있다. 메인 혼탕은 '센인부로(천인풍려)'로 불리는 대욕탕이다. 뭐, 덤덤하다(이미, 실망했으니 기분이 날 리 없다). 탕을 둘러싼 고색창연한 노송 판자가 오랜 역사를 알릴 뿐이다.

수질은 산성천이다. 굳이 맛을 볼 필요도 없다. 탕에 들어서면 안다. 시큼한 향이 코끝을 팍팍 찔러와서다. 시큼한 향의 산성천은 예부터 아토피성 피부병과 화상 치료에 효험이 있다고 전해진다. 에도 시대부터 탕치를 위해 많은 남녀가 몰려든 것도 이런 까닭이다.

이쯤 되면 독자 여러분도 궁금해할, 혼탕 구조. 담백하다. 욕조(유황탕, 맑은 물탕 등 두 개) 가운데 '남자, 여자'라고 쓴 나무 팻말이 가상의 '하프라인'을 만들고 있을 뿐이다. 아쉬운 몇몇 기자들, 물 휘휘 저어 보고 난리다. 쯧쯧. 그런다고, 우윳빛 물이 맑아지나. 안 보인다니까.

 여행 Tip

스카유 온천은 1954년 국민온천 제1호로 지정된 아오모리현 제일의 온천이다. 입장료는 600엔. 전통 료칸 구조이니, 잠도 잘 수 있다. 방은 158개. 방 타입에 따라 8,000엔에서 1만 4,000엔 사이이다. 문의는 북도호쿠 3현 서울사무소 (02)771-6191, beautifuljapan.or.kr

7색 온천 '쓰루노유', 우윳빛·황금빛湯 입맛대로 골라라

북도호쿠 삼각편대 아오모리, 이와테, 아키타현. 이 중에서도 '설탕(雪湯) 온천' 하면 으뜸으로 치는 곳이 아키타현이다. 예까지 와서, 설탕, 그냥 지나칠 순 없다. 아키타 온천 메카는 '뉴토 온천향(乳頭 溫泉 鄕)'이다. 쓰루노유를 비롯해 구로유, 마고로쿠, 가니바, 다에노유, 오가마, 규카무라 등 특징이 각기 다른 온천 7곳이 모인 게 독특하다.

'자유이용권'을 미리 사 두면 모든 온천에 두루 몸을 담가 볼 수 있다. 역시 대부분 노천 온천은 혼탕(하지만 기대는 말 것. 여기도 뿌옇다).

온천 빛깔은 각양각색이다. 쓰루노유, 구로유, 오가마 3곳은 우윳빛. 물결도 우유만큼이나 보드랍다. 철분이 함유된 다에노유는 황금빛 탕으로 유명하다. 그렇게 기대하지 말라고 강조했는데, 기어이 '맑은 물' 찾겠다는 독자들은 가니바, 마고로쿠, 규카무라 3곳으로 가시면 된다.

다양한 색상만큼 효능과 경관도 천차만별이다. 전통 일본 료칸 분위기를 제대로 맛보고 싶다면 쓰루노유가 딱이다. 얼어붙은 폭포 절경, 타입이라면 다에노유가 좋다. 구로유는 가을 단풍과 겨울 설경을 감상하며 온천욕을 즐기기에 으뜸이다. 특히 가니바는 겨울에 강추다. 노천 온천으로 가는 오솔길에 1.5m짜리 대형 설벽(雪壁)이 쌓인다.

도쿄 인근 온천, 료칸 명가는 하코네다. 후지 산과 함께 하코네 이즈 국립공원에 속해 있으니 아찔한 절경까지 덤으로 맛볼 수 있다.

이 겨울, 이색적인 분위기를 '맛볼 수' 있는 곳은 라면 온천. 탕 성분이 돼지고기 육수니 표현 그대로, '맛볼 수' 있는 곳이다.

이거, 끝내준다. 라면 그릇 모양으로 된 욕조에 몸 푹 담그고 있으면 요리사가 거대한 냄비를 들고 와 라면 국물(돼지 육수)을 쏟아 붓는다. 심지어 면도 넣어준다. 물론, 이 면, 합성이다. 돈코츠 라면(돼지 등뼈를 이용해 육수를 만든 일본 라면)에 포함된 콜라겐 성분이 주다.

옆에는 '카레 온천', '초콜릿 온천' 탕도 있다. 참으로, 맛깔스러운 온천 여행 코스다.

 여행 Tip

> 온천과 료칸 관련 문의는 북도호쿠 3현 서울사무소(beautifuljapan.or.kr)로 하면 된다. 하코네 라멘 온천 1회 가격은 3,500엔이다. 먹어도 된다.

테마 해외여행 ⑯

반전 마카오 여행

233m 위, 마카오 하늘을 날다

"악!" 함께 간 여기자 한 명이 외마디 비명을 질러댔다. "뭐가 창밖으로 떨어졌어. 사람 같아." 뭐? 100% '레알(real)', 실제 상황이다. 사람이 떨어지다니. 이곳이 어디인가. 마카오 상징인 마카오타워. 게다가 스카이 뷔페가 있는 58층이다. 난리가 났다. 순식간에 옆자리 외국인들이 통창으로 몰려들었다. 검은 물체가 또 하나 창밖으로 '툭' 떨어졌다. 기자단 일동, 이번엔 다 같이 "꺅!".

지켜보던 마카오관광청 직원이 깔깔댔다. "번지, 번지." 세상에, 번지점프란다. 그랬다. 이게 세계 최고 높이 '도심 한복판 번지'로 기네스북에 올라 있는 악명 높은 61층 전망대의 마카오타워 번지다. 고로 3층 아래인 이곳 뷔페는 세상에서 가장 살벌한 식사를 할 수 있는 곳 되시겠다. 상상해 보시라. 맛깔스러운 스테이크를 입에 쏙쏙 집어넣으며 공포에 질린 채 사지로 떨어지는 사람을 지켜보는 식사를.

사건이 터진 건 그다음이었다. 이 몸, '번지 성지(聖地)'로 통하는 뉴질랜드 카와라우에서 번지를 했다며 으스댄 게 문제였다. 얄미운 관광청 직원, 점프 한 번에 우리 돈으로 250만 원이 넘는데 내가 뛰면 공짜로 해주겠단다. 매경 여행전문기자, 돌연 '넘버원 번지맨'이 돼버렸고 전망대로 질질 끌려 나갔다. 후흡. 심호흡을 하니 하늘이 까맣다. 짧은 영어 실력에도 안전요원 설명은 놀랍게 귀에 쏙쏙 박힌다. "233m를 곧장 떨어진 뒤 지상 40m쯤에서 첫 반동이 올 거다."

야외 점프대로 나가니 체중을 잰다. '78(kg)'이라는 숫자가 손등에 적힌다. 꾹꾹 네임팬이 눌러오는 손등의 압력만큼 심장이 쫀득해진다. 발목에 버팀줄을 감으니 정신이 아득해진다. 꾸물꾸물. 100m처럼 보이는 1m를 겨우 전진해 슬쩍 아래를 내려다봤다.

멀리 솟아오른 MGM호텔, 리스보아호텔과 린호텔 카지노가 안쓰러운 듯 기자를 굽어보고 있다. 쐐기를 박는 안전요원의 한마디가 귓전을 때린다. 가장 살벌하고 아찔한 최고의 마카오 감상법이라는 것, 아쉬운 건 '환불 불가(no refund)'라는 것. 몸이 떨어질 에어매트는 정말 콩알만 했다. 반쯤 정신이 나간 기자에게 요원이 덧붙이는 한마디.

"옆을 보세요. 카메라(Look at the camera)." 아~ 이거 익숙하다. 카와라우 번지 때도 그랬다. 이렇게 카메라를 볼 때 엉덩이를 툭 밀친다. 그래서 오히려 꼿꼿이 요원을 쳐다봤다. 눈이 마주치자 요원이 씩 웃으며 "미안(sorry)"이란 말을 툭 던지곤 역시나 엉덩이를 민다. 2~3초쯤 지났을까. 아득한 느낌과 함께 MGM호텔이 거꾸로 설 무렵, 줄이 팽팽해진다. 살았나 보다.

또 한 가지 사건은 그다음에 터졌다. 또 말썽인 혓바닥이 그만 "별것 아니다"라고 말해 버린 거였다. 넘버원 번지맨은 돌연 넘버원 '용감한 기자'가 돼 버렸고, 다시금 전망대로 끌려 올라갔다. 이번 미션은 스카이 워크. X스윙과 타워 클라이밍은 시간 관계상 접고, 스카이 워크만은 공짜로 해 주겠다며 부추겼다. 아, 스카이 워크라니. 이게 글자 그대로 하늘을 걷는 거다. 233m 높이인 마카오타워 야외 전망대 밖에 타워 가장자리를 따라 원형으로 놓인 철판 데크를 딱 한 바퀴 돌아온다. 이게 만만치 않다. 번지의 공포는 딱 2초지만 스카이 워크의 공포는 10분이라는 말이 있을 정도.

우선 생명벨트 2개가 몸에 걸렸다. 보조 헬멧은 없는데 미끄러지지 않는 전용 신발은 빌려줬다. 그냥 도는 것도 아니다. 테마별 공포체험 단계가 있다. 첫 코스는 에지 걷기. 마카오 스카이 라인을 내려다보며 데크 맨 끝을 따라 10m쯤 걷는다. 마치 중력이 몸을 데크 밖으로 사정없이 끌어당기는 느낌. 아찔함 그 자체다.

두 번째는 생명벨트 타기. 이게 공포스럽다. 만약의 사태를 위해 만든 생명띠를 붙잡고 10여 미터를 뛴 뒤 두 발을 든 채 그대로 돌진. 탄력을 받은 벨트는 대롱대롱 사람을 매단 채 미끄럼을 탄다. 마지막은 데크에 걸터앉기. 지상에서 233m 허공 난간에 다리를 내걸고 턱하니 앉아 있어야 한다. 거기서 반성하듯 되뇌었다. 제발 좀 겸손해지자.

 여행 Tip

'빅4' 익스트림 레저를 즐기는 데만 꼬박 하루가 걸린다. 기네스에 오른 번지와 이 스카이 워크가 백미. 하루 평균 40~50명이 줄 서서 기다린다. 이미 호주, 프랑스, 인도, 독일 등지에서 이 번지와 워크를 경험한 사람만 200만 명. 가격도 아찔하다. 번지 가격은 무려 2,488달러(DVD 포함). 스카이 워크는 588달러다. (853)8988-8656, Ajhackett.com

'잭팟'의 도시? 진짜 마카오는 역사의 흔적이다

'스페이드(소나무) 무늬 10, J, Q, K.'

액면(깔려 있는 패)만 놓고 보면 상대방 패는 막강이다. 그리고 뒤집어져 있는 마지막 카드 한 장. 게다가 상대는 포커 페이스다. '로열 스트레이트 플러시(같은 무늬, 연속 5개 숫자로 된 최고 패)'로 읽어야 하나. 도신(賭神)조차 예측 불허인 마지막 히든카드, 그게 마카오다. 뒤집힌 히든카드가 '스페이드 A'라면 매년 7조 원이 몰리는 '잭팟'의 카지노 월드 마카오다. 하지만 블러핑(허풍)일 수도 있다. 예상치 않은 엉뚱한 넘버와 무늬의 카드라면 그건 숨겨진 마카오다. 그게, 컬처랜드(문화의 나라) 마카오다. 유네스코가 지정한 25개 문화유산, 그걸, 당일치기로, 한달음에, 그것도 걸어서 둘러볼 수도 있는 놀라운 도시다. 선택은 독자들 손에 달려 있다. 자, 가볍게 히든카드를 뒤집으시라.

■ **마카오 여행의 시작과 끝, 세나도 광장**

마카오는 앙증맞다. 타이파 섬을 합쳐봐야 27.3㎢ 정도. 서울 여의도 세 배 수준이다. 이 좁은 땅덩어리에 무려 25개에 달하는 유네스코 지정 문화유산이 포진하고 있다니, 믿어지시는가. 게다가 한달음이다. 마음만 먹으면 걸어서 둘러볼 수도 있다.

마카오 여행의 출발점은 반도 도심 중심인 세나도 광장이다. 세나도는 포르투갈 말로 의회다. 마카오 하면, 늘 상징처럼 등장하는, 밝은 크림색과 검은색 타일이 물결치듯 장식돼 있는 바닥이 있는 곳이다. 광장 보도를 따라 10분만 걸으면 그 유명한 '성 바울 성당'이다. 바울 성당으로 이어지는 양쪽 골목이 그 유명한 마카오 육포거리다. 맛보기 육포만 뜯어도 배가 부를 정도.

■ 전쟁의 흔적 묻어난 몬테 요새

성 바울 성당을 바라보고 오른편이 몬테 요새다. 마카오반도 정중앙에 위치한 요새는 1622년 네덜란드에 맞서 싸웠던 역사의 현장이다. 요새 정상 구석구석엔 당시 썼던 녹슨 대포가 덩그러니 놓여 있다. 카모에스 공원도 꼭 둘러봐야 할 포인트다. 종로 파고다공원을 떠올리면 된다. 한쪽엔 노인들이 삼삼오오 모여 장기를 두고 있고, 또 다른 쪽엔 '소림 영화'에나 나올 법한 태극권을 하는 무리가 있다. 사시사철 녹음으로 가득한 공원 끝자락이 김대건 신부 동상이 있는 자리다. 중국을 경유해 장장 8개월여를 걸어 마카오로 들어갔다고 전해지는 김대건 신부. 지금도 마카오인들은 그를 '성 안드레아'라는 이름으로 추앙한다.

■ **에그타르트 메카 콜로안 빌리지**

중국 문화 향취를 느낄 수 있는 곳도 곳곳에 널려 있다. 대표적인 게 바라 언덕 밑 아마 사원이다. 어부들의 수호신인 아마 여신을 기리기 위한 사당이다. 마카오라는 명칭도 아마 여신을 뜻하는 '아마가오'에서 유래했다고 한다. 입구에 들어서자마자 눈에 들어오는 것은 장정 키만 한 거대한 향. 사람들은 사원에 들어서면서부터 자욱한 향 연기에 자신을 내맡긴다. 여자친구에게 마카오 명물 '에그타르트'를 한 입 물리고 고백한다면 성공률 100%일 터.

어떤가. 기자가 뒤집은 '히든카드' 마카오의 풍경이다. 이게 아니라고? 그 유명한 밤의 마카오가 궁금하시다고? 그런 독자들, 그대만의 히든카드를 뒤집어 보시라.

페르난데스관광청장 추천, 마카오 '익사이팅 루트'

■ **첫 방문이라면**

바울 성당 유적과 세나도 광장을 중심으로 한 역사지구를 꼭 둘러봐야 한다. 마카오를 관통하는 매캐니즈 문화와 함께 광둥, 포르투갈의 혼합 문화를 생생하게 느낄 수 있는 포인트다.

■ 온몸으로 체험

마카오를 온몸으로 체험해 보는 놀라운 투어가 있다. 마카오타워 투어다. 기네스북에 올라 있는 세계에서 가장 높은 도심 한복판 번지점프에 도전해 보시라. 뛰는 게 두렵다면 '시티오브드림즈'의 '더 하우스 오브 댄싱 워터' 공연을 통해 간접 경험을 해 봐도 좋다. 보는 것만으로도 흥미진진해서 손에 땀을 쥐게 된다.

■ 식도락 투어

무엇보다 마카오에서는 부지런히 먹는 것 역시 가장 중요한 일정이 될 수 있다. 마카오에는 전형적인 광둥식 길거리 음식에서부터 미슐랭 3스타 레스토랑까지 다양한 종류의 음식을 맛볼 수 있다.

■ 질리지 않는 코스

질리지 않고 늘 새로운 코스. 자주 마카오를 찾았더라도 신선한 코스가 있다. 마카오정부관광청에서 새롭게 선보인 '진짜 마카오를 만나는 특별한 순간, 신규 도보여행코스(Step Out, Experience Macau's

Communities)'다. 테마도 있다. 역사 발자취를 찾는 여행, 자연과 창조의 여행, 동서양이 만나는 여행, 문화와 예술의 여행 등 4가지 주제다. 코스별로 2~3시간이면 끝.

 여행 Tip

- **마카오 가는 길**
에어마카오(www.airmacau.co.kr)에서 인천~마카오 직항편을 매일 운행한다. 비행 시간은 3시간 30분. 페리(www.turbojet.com.hk)를 이용하는 것도 색다른 경험이다. 홍콩 국제터미널에서 배로 1시간이면 마카오에 닿는다.

- **마카오는**
440년간 포르투갈령이었다. 1999년 12월 중국에 반환됐다. 인구 95%가 중국인. 3개월 무비자.

- **공식 화폐는**
화폐는 파타카(마카오달러). 환율이 거의 비슷한(1대 1.03) 홍콩달러가 더 많이 쓰인다. 물가는 한국과 비슷한 수준. 4월 중순이 해수욕 시즌이다.

- **포르투갈 문화의 흔적**
바닥에 깔린 모자이크 무늬 역시 '칼사다(Calcada)'라는 포르투갈식 디자인이다. 70년 전통의 조향원 쿠키나 행운을 가져다 준다는 리스보아의 러키 쿠키가 유명하다.

07

여행 사기,
절대 당하지 않는 필살기

눈 감으면 코 배 가는 세상. 명색이 여행을 업으로 삼고 있는 여행전문기자에게도 가장 많이 몰리는 제보가 사기에 관한 거다. 소중히 모은 돈으로 기분 좋게 떠나려는 순간, 그 모든 게 물거품이 된다고 생각해 보시라. 이거 짜증날 수밖에 없다. 심지어 그게 벼르고 별렀던 가족여행이나, 신혼여행이었다면 3년 전 먹었던 순대국이 올라올 정도로 천불 날 터. 이 장은 이런 분들을 위로하기 위한 장이다. 아니다. 위로 따위도 아니다. 앞으로 두 번 다시 당하지 말라고 마련된 비장한 각오의 장이다. 그래서, 닥치고 여행 시즌 1에 있던 내용, 살짝만 수정해 다시금 붙여 넣는다(물론, 시즌2 전체의 팁 양이 부족했던 점도 있다고 고백한다). 그만큼 중요했다는 의미다(그만큼 시즌2 팁의 양이 부족했다는 의미도 된다). 당연히 이 장에 나오는 비법들 꼭 익혀두셔야 한다. 조금 여유(?)가 되시는 분들이라면 당하는 듯 해 주시다가, 시원하게 뒤통수를 후려쳐 주시라. 분 안 풀린다면 이마빡에도 돌려 치시라.

패키지 잘 고르는 5계명

여행 패키지 상품은 양날의 칼이다. 코스 선택에 굳이 머리를 싸맬 필요가 없으니 마음 편하게 놀 수 있는 반면 가이드가 권하는 쇼핑에 대한 성가심은 각오해야 한다. 그래도 수요는 꾸준하다. 아무 생각 없이 콕 찍고, 편하게 갈 수 있는 편의성 때문이다. 기왕, 패키지로 간다면 꼭 알아 둬야 할 노하우가 있다.

가격 비교는 잉어빵의 단팥

패키지는 기성복이다. 어디에나 엇비슷한 상품이 있다. 중국 베이징에 가는데 만리장성을 놓칠까? 호주 시드니를 가는데 오페라하우스를 안 갈까? 그만큼 대중적이라는 것이다. 그러니 같은 중국 3박 4일짜리 상품이라도, 가격은 천차만별이다. 내용은 비슷한데 이 여행사 가격 다르고 저 여행사 가격이 다르다. 유럽 여행의 경우 많게는 30만 원까지 차이가 나기도 한다. 당연히 가격 비교는 필수. 발품, 손품 파는 정도에 따라 가격 거품은 확 빠질 수 있다.

중견 여행사 상품을 선택하라

같은 값이면 중견 여행사가 낫다. 물론 중견급 여행사는 상대적으로 가격이 높을 수가 있다. 브랜드 인지도 프리미엄이 들어가 있는 탓이다. 그래도 중견 여행사를 고르는 게 낫다. 최소나 환불 등 긴급한 경우가 발생했을 때 믿고 맡길 수 있기 때문이다.

묵는 호텔 등급은 무시하라

패키지란 것이 그렇다. 쉽게 말해 주어진 시간 내에 빡빡한 일정의 코스를 다 찍고 돌아와야 한다. 당연히 호텔은 글자 그대로 잠만 자는 곳으로 전락한다. 호텔의 부대시설을 이용할 수 있는 혜택도 따져봐야 헛일이다. 겨우 조식이나 챙겨 먹을 뿐 수영을 한다거나 피트니스 클럽을 이용하는 일은 꿈도 꿀 수 없다. 그러니 대충 주무시라.

카르페 디엠! 쇼핑, 운명이라면 받아들여라

쇼핑, 각오하고 있다면 차라리 즐기는 게 낫다. 사실 따로 자유여행을 가더라도 쇼핑은 어쩔 수 없이 하게 된다. 패키지에는 통상 쇼핑센터 두세 곳이 포함된다. 가이드가 안내하는 곳의 가격이 오히려 더 괜찮은 곳도 많다. 물론 여행사 주요 수입원이 쇼핑 수수료인 것은 맞다. 면세점 같은 믿을 만한 대형 쇼핑센터에서도 5% 정도의 판매수수료를 떼 준다. 그래도 개인적으로 돌아다닐 때의 교통비, 시간, 물건의 질 등을 감안하면 오히려 괜찮을 수가 있다. 꼭 해야 하는 쇼핑, 즐기시라.

배보다 배꼽이 큰 옵션에 주의하라

쇼핑보다 위험한 게 옵션이다. 특히 단가가 비싼 유럽의 경우 옵션이 사람, 아니 주머니를 잡는다. 사실 남들 다 하는데 안 하기도 그렇다. 쇼핑보다 옵션 사항을 더 꼼꼼히 따져, 할 것 안 할 것 가리는 게 더 중요하다.

초저가 상품 제대로 고르는 6가지 노하우

싼 게 비지떡인데, 자꾸만 눈이 가는 초저가 상품. 그렇다면 차라리 그걸 노리자. 제대로 고르는 노하우만 알아 두면 초저가 상품, 의외로 갈 만하다.

일정표를 확인하라

초저가 여행 상품의 일정표와 자유 여행 상품의 일정표는 거의 비슷하다. 하지만 엄연한 차이가 있다. 초저가 여행 일정표 중 상당수는 현지에서 추가로 비용을 지불해야 한다는 점이다. 이것만 체크해 두면 된다.

숙소를 제대로 파악하라

동남아 여행은 같은 급의 호텔이라도 가격이 천차만별이다. 시설에 따라 다르고 '비치 뷰', '마운틴 뷰' 등 조망에 따라서도 다르다. 여행사들은 단순히 '1급 이상 호텔 사용'이라고만 설명할 뿐이다. 해변이 보이지 않는 마운틴 뷰 숙소라면 여행사는 그만큼 이익 챙겼다는 의미다.

일정 변경을 조심하라

일정 변경. 초저가 상품의 가장 큰 적이다. 초저가 여행은 쇼핑과 옵션을 위해 일정이 자주 바뀐다. 그만큼 불편해진다. 관광지만 다녀도 빠듯한데 예정에도 없는 옵션 관광과 쇼핑에 시간을 낭비한다고 생각해 보시라. 일정 이외의 옵션 일정은 가능하면 추가하지 않는 게 현명하다.

불필요한 쇼핑은 자제하라

초저가 여행 상품의 특징은 쇼핑 횟수다. 최소 하루에 한 번씩은 쇼핑을 하도록 일정이 맞춰진다. 여행사에서는 쇼핑을 통해 부족한 수익을 얻기 때문이다. 불필요한 쇼핑은 자제하는 게 낫다.

가이드 팁은 선불로 내자

매도 미리 맞는 게 낫다. 가이드 팁도 선불로 내는 게 현명하다. 이건 초저가 여행의 필수 공식이다. 초저가 여행 상품의 현지 가이드는 고객의 팁과 쇼핑이나 식당 혹은 옵션 등에서 수입을 챙긴다. 미리 정해 놓고 돈을 줘 버리면 나중에 고민할 필요도 없다.

옵션 관광 비용을 확인하라

일정표에서 옵션 관광 비용은 꼭 확인할 것. 결국 초저가의 눈속임은 옵션 관광을 위한 것이다. 하지만 여행 일정표엔 그냥 둘러보는 곳처럼 편안한 코스로 나와 있다. 이를 미리 확인해 둬야 당하지 않는다. 이 옵션 비용만 합쳐도 여행비를 훌쩍 뛰어넘는다.

항공권 예약 절차 알면 사기꾼 피할 수 있다

아무리 속지 않으려 해도 어쩔 수 없이 손이 가는 게 사기 항공권이다. 싼 곳으로 눈길이 가는 건 인지상정이다. 어쩌겠는가. 싸다는데. 속지 않는 가장 간단한 방법. 항공권 예약 절차만 알면 된다.

일반적인 과정은 이렇다. 항공권을 예약하기 위해서는 기본적으로 여권상의 영문이름과 성별이 꼭 필요하다. 이외에도 스케줄 변경 등에 따른 긴급 연락처와 전화번호, 항공 티켓을 수령할 수 있는 이메일 주소 등이 있어야 한다. 이 개인 정보를 여행사에 넘겨주면 여행사는 이를 토대로 항공권 예약 상황을 체크하고 이메일로 발송해 준다.

이렇게 받은 이메일을 꼼꼼히 뜯어보면 제법 많은 걸 알 수 있다. 예약한 여행사 이름, 예약 담당자 이름과 전화번호가 윗부분에 적혀 있고, 본인의 여권상의 영문명, 예약번호, 예약된 항공 스케줄, 항공권 금액, 발권 시 필요한 서류와 결제 계좌 등이 간단하게 나열돼 있다. 그러니 본인의 영문명과 여정을 확인하고 문제가 없으면 여행사에서 지정한 날짜까지 결제하면 된다.

이제부터 신경 써야 한다. 사기 여행사는 80~90% 이상 현금 결제를 유도한다. 현금으로 입금해 주면 일정 부분 금액을 깎아 준다는 달콤한 유혹도 곁들인다. 물론 믿을 만한 여행사라면 괜찮다. 문제는 사기 여행사일 때다.

현금 결제를 할 경우는 여행사 홈페이지에 항공권 결제를 받는 계좌번호가 적혀 있는데 이것만 확인하면 된다. 메일로 받은 내용상의 계좌번호와 동일하다면 일단 믿어도 좋다. 확인 후 결제를 하고, 담당자의 이름도 꼼꼼하게 기록해 둬야 한다. 결제 후에는 바로 입금 확인 전화를 하면 여행사에서 전자항공권(E-Ticket)을 발권해서 이메일로 여행객들에게 발송해 준다.

꼭 알아 둬야 할 사기 유형

 알면 당하지 않는다. 여행 사기는 유형이 대부분 정해져 있다. 늘 같은 사건이 반복된다. 아래는 꼭 알아 둬야 할 사기 유형이다.

'발이 묶인 여행자' 사기

 간접적인 사기의 대표 유형이다. 국제적으로도 늘 말썽이 되고 있다. 매년 휴가철이면 세계인터넷범죄신고센터가 거의 매번 '발이 묶인 여행자(stranded traveler)' 사기 경보를 발령할 정도. 내용은 이렇다. 이메일이나 페이스북 메시지 등을 통해 친구들에게 해외에서 강도를 당해 호텔비나, 귀국하기 위해 필요하니 경비를 급하게 보내 달라고 요구하는 경우다. 유독 정에 약하고 마음이 약한 한국인이 잘 걸려드는 유형이다.

절대 물면 안 되는 여행 낚시

인터넷 게시판에서 잦은 유형은 이른바 낚시. 예컨대 이런 식이다. 인터넷엔 수많은 공개 게시판이 있다. 싼 여행을 바라는 순진한 어린 양 우리 네티즌들은 이곳저곳 방랑하며 '저렴한 항공권'을 찾기 위해 정보를 검색하기 시작한다. 이내 답글이 달린다. 'A여행사 B부장입니다. 방금 아주 저렴한 좌석이 나왔네요. 바로 입금하시면 항공권 보내드리겠습니다.'

현금 입금은 가장 주의해야 할 낚시다. 특히 공개 게시판에 여정과 연락처를 공개적으로 남기면 표적이 되기 쉽다. 범인들은 신뢰성을 높이기 위해 과장급 이상의 직함을 사용하고 여행사 근무 시간을 피한다. 이런 낚시 물지 마시라.

이벤트 당첨은 없다

역시 빈번한 유형은 이벤트 당첨이다. 공짜 여행에 당첨됐다며 불쑥 전화나 이메일이 온다.

시작은 이렇다. 공짜니 제세공과금을 내라는 것. 기쁜 나머지 일정

금액을 붙여주면 미끼를 앙! 하고 크게 물게 된 것이나 다름없다. 그 다음은 그들 페이스에 넘어 간다. 추가비용이 눈덩이처럼 늘어난다. 결국 미리 보낸 공과금도 날리고 여행도 날리게 된다. 여행에, 공짜는 없다. 사실 이런 유형은 단속도 힘들다. 대부분 소액이다 보니 계약불이행에 따른 분쟁은 민사상으로 해결해야 하기 때문이다. 골치 아프지 않으려면 미리 주의하는 게 낫다.

경품의 달콤한 유혹

경품의 달콤한 유혹도 거부하기 힘들다. 대부분 여행을 하면 놀라운 경품을 준다며 꼬여 낸다. 디지털 카메라나 MP3가 대표적인 미끼다. 그러나 잘 뜯어보면 함정이 있다. 제품을 수령하면 알지만 한물간 제품이 대부분이다. 소 잃고 외양간 고치는 값이 더 들 수 있다.

론리 플래닛 선정 여행 사기 10유형

이번엔 여행 사기 심층 분석이다. 세계적인 여행 전문지 '론리 플래닛'이 추리고 추려 만든 여행 사기 10가지 유형. 피가 되고 살이 되니 꼭 알아 두시라.

가짜 경찰

이거 환장한다. 믿었던 경찰까지 사기를 치는 세상이다. 특히 필리핀, 러시아, 남미 등지에서 성행하고 있다. 경찰관이라며 여권이나 비자를 보여 달라고 한 뒤 뭔가 잘못됐다며 벌금을 요구하는 유형이다. 이럴 땐 딱 한마디만 하시라. 경찰 신분증 보여 달라고. 간혹 진짜 경찰이 걸리는 경우도 있다. 그럴 땐, 당황하지 말고 '아이엠 쏘리'를 외치면 끝.

보석, 카펫 사기

어, 하다 당한다. 택시 기사나 현지인, 심지어 가이드까지 접근해서 유혹한다. 오늘 특별히 할인행사가 있는 날인데, 보석이나 카펫을 싸게 사서 팔고 있다, 귀국 후에 돌아가서 싸게 팔면 큰돈을 벌 수 있다고 꼬신다. 당연히, 바가지 옴팡 쓴다.

택시

어느 나라를 가나 마찬가지다. 가장 당하기 쉬운 유형이 택시 사기다. 미터기 요금을 아예 작동하지 않게 하거나 가격 흥정을 해 놓고 도착지에서 딴 소리를 하는 경우다. 요즘은 스마트폰이 있으니 GPS를 켜고 경로를 확인하면 된다. 특히 가격 흥정, 이게 골치다. 흔한 게 발음 혼동. 영어 'teen'과 'ty'를 교묘하게 굴려 쓰니 손가락으로 미리 확인해 두실 것. 메모지 기록도 좋은 방법이다.

복권 사기

현지인이 접근해 온다. 말을 걸다가 즉석 복권을 긁어 보라고 한다. 당연히 100% 당첨. 선물은 티셔츠에서 현금까지 다양하다. 그리곤 한마디 한다. 자기와 함께 다른 장소에 가야 선물을 준다고. 따라가면 여행객들로 가득 찬 방이다. 홍보물 보고 그 다음 물건 사라고 강요한다. 버티면 사지 않을 수는 있지만 아까운 하루, 다 날아간다.

거기 문 닫았어요

식당 물어볼 때 속이는 방법이다. 인도 등지에서 택시 운전사나 삐끼들이 흔히 쓰는 수법. 당연히 물었던 곳 영업 중이지만 문 닫았다고 속인 뒤 자신이 수수료를 받을 수 있는 곳으로 데려간다.

모터바이크 수리 사기

자유여행족들이 자주 써먹는 게 자전거, 바이크를 빌려 현지 투어를 하는 거다. 이럴 때 질 나쁜 업자한테 걸리면 된통 당할 수 있으니 요주의. 대부분 바이크가 손상될 경우 엄청난 수리비를 청구하는 식의 사기를 친다. 특히 호텔이나 게스트하우스 옆 렌탈 하우스를 피해야 한다.

바이크 도난 사기

주차 역시 주의. 업자들이 열쇠를 가져와 자기가 빌려준 바이크를 훔쳐간 뒤 바이크 값을 청구하는 악랄한 경우도 있다.

새똥

새똥이 사람 잡는다. 머리에 뭐가 떨어졌다며 현지인이 수건으로 닦아 준다. 수건에 시야도 가리고 정신도 없고. 그래 놓고 물건 훔쳐 간다. 겨자 소스를 엎는 경우도 있다.

미녀의 동행

예쁜 현지인 아가씨가 접근해 온다. 분위기 무르익고 가볍게 술 한잔. 그러다 보면 여자가 사라지고 없다. 남은 건 계산서. 요금 폭탄이다. 어느 곳에서든 미인계, 주의해야 한다. 여성 여행객들에겐 다니엘 헤니 같은 부드러운 남자가 접근한다. 방심하지 마시라.

숙소 사기

가장 흔한 유형이다. 친절한 현지인, 가이드북을 보고, 숙소 이름을 얘기해 주며 엄지를 추켜세운다. 누구든 속지 않을 도리가 없을 터. 찾아가면 꽝이다. 다 그 숙박업소와 짜고 치는 고스톱이다. 알아야 당하지 않는다.

더치트, 뛰는 사기꾼 잡아 주는 나는 사이트

사실, 아무리 주의를 기울여도 불가항력적인 경우가 있다. 이런 경우는 어떻게 하냐고. 방법이 있다. 베스트셀러 병서 《손자병법》에도 이런 말이 있지 않은가. 적을 알고 나를 알면 백전불패라고. 뒤통수 세게 맞은 우리 여행객들, 더치트를 바로 클릭하시라. 적을 아는 방법, 있다. 이 적의 모든 것을 알려주는 놀라운 사이트가 있다. 여행 사기에 노출된 여행족이라면 반드시 알아 둬야 할 놀라운 사이트, 더치트(Thecheat.co.kr)다.

더치트는 원래 중고 거래 사기 피해를 막기 위해 만들어진 곳이다. 쉽게 말해 사기 피해를 공유하는 곳이다. 예컨대 내가 A라는 사기꾼에게 당했다면 그 A의 개인 정보와 함께 모든 것을 이 사이트에 올려두는 식이다.

우선 조회 서비스. 판매자의 전화번호, 계좌번호, ID 등을 조회해서 피해 사례가 있는지 확인할 수 있다. 원링·스팸 조회에서는 선불폰이나 스팸 피해 사례가 있는 번호까지 꼼꼼하게 조회할 수 있다. 최근 한 TV 예능프로그램에 출연했다 사기꾼으로 잡힌 출연자의 경우도 이 사이트를 통해 조회하면 2건의 사기 전과를 확인할 수 있다. 그만큼 방대한 정보가 매력적이다.

사기 피해를 등록해 두면 확산을 막을 수도 있다. '신고하기' 코너를 통해 사기 피해 사례를 꼼꼼히 올려두면 된다. 이 코너의 글은 수사기관의 자료로도 활용된다. 작은 피해라도 꼭 등록해 두는 게 낫다.

공짜로 상담을 받을 수도 있다. '상담하기'는 전문가의 무료상담서비스다. 질문에 대한 전문가의 답을 받아볼 수 있다. 대응 방법 코너에도 요긴한 정보가 많다. 피해 발생 시 대처 방법 및 중고 거래 시 주의사항을 상세하게 안내해 준다.

최근에는 모바일 앱으로도 나와 인기몰이 중. 다시 한 번 강조하지만 알아야 당하지 않는다. 꼭 내려받아 두고 틈틈이 확인해야 사기를 미연에 방지할 수 있다.

테마 해외여행 ⑰
미니 월드 싱가포르

싱가포르를 100배 재밌게 즐기는 법. 간단하다. 속살 투어다. 그 속살 속에 '미니 월드'가 숨어 있다. 중국의 '성'처럼 스트리트마다 해외 다른 나라가 통째 둥지를 틀고 있는 특이한 곳이 싱가포르다. 글자 그대로 '미니 월드' 투어다.

■ 차이나타운 속 은밀한 스트리트

뚝딱 하면 비행기가 만들어진다는 싱가포르 '차이나타운'쯤 누구나 안다. 그렇다면 그 속에 숨어 있는 스트리트는 어떨까.

우선 파고다스트리트(Pagoda Street). 차이나타운 역 A출구로 나오면 바로다. 차이나타운의 대표적인 스트리트로 스리 마리아만 사원(Sri Mariamman Temple)까지 이어진다. 개조한 가옥으로 된 다양한 상점과 음식점들이 모여 있으니 식도락을 즐기는 관광객들로 늘 북적인다. 기념품 구매와 군것질을 하기에 최적의 포인트. 스미스스트리트(Smith Street)는 먹자골목이다. 400~500개 골목을 따라 다양한 노점들이 도열해 있다. 거리를 따라 유리로 된 캐노피가 설치되어 있고 쿨링 시스템이 갖춰져 있어 날씨 걱정 없이 맛있는 음식을 즐길 수 있는 것이 이곳의 매력. 클럽스트리트(Club Street)와 안시앙로드(Ann Siang Road)도 버킷리스트 포인트다. 사실상 반전 차이나타운을 느낄 수 있는 곳. 모던한 부티크 건물 속에 알록달록 앙증맞은 카페와 레스토랑이 들어차 있다.

잊을 뻔했다. 이 모든 걸 한눈에 품을 수 있는 차이나타운의 전경 포인트 안시앙힐(Ann Siang Hill). 여유롭게 산책하며 야경 감상하는 맛, 끝내준다.

■ 먹거리 천국 맥스웰 로드

사실상 차이나타운 줄기다. 필수 코스, 맥스웰 로드. 맥스웰 푸드 센터(Maxwell Food Centre)가 있는 핫 플레이스다. 가장 오래된 역사까지 양념이다. 푸드 센터로 들어가는 입구에 붙어 있는 '싱가포르에서 먹어야 할 음식 10' 리스트만큼은 꼭 챙겨 가실 것. 싱가포르 인들만 즐기는 쏘울 푸드(Soul Food)가 뭔지, 한눈에 볼 수 있다. 이곳 먹거리 명물은 '티안 티안 치킨라이스'의 치킨라이스와 '젠 젠 포리지'의 죽. 길게 줄 서 있는 곳, 틀림없이 이 두 곳 중 한 곳이다. 배 터져도 맛봐야 할 후식은 두유 푸딩. 그야말로 '완벽한 한 끼'의 완성이다.

■ 외국인 아파트 거리 티옹 바루

티옹 바루는 싱가포르에서 가장 오래된 아파트 단지다. 1930년대 외국인들이 거주하던 아파트가 그대로 남아 고풍스러운 멋이 있는 곳. 2011년 카페 포티핸즈 커피(40 Hands Coffee)와 독립 서점인 북스 액추얼리(BooksActually)가 들어서면서 싱가포르 '힙스터'들의 관심을 받기 시작했고, 곳곳에 작은 카페, 디자인 숍이 들어서기 시작하면서 핫 플레이스로 뜨고 있다. 인근 응 훈 스트리트(Eng Hoon Street)에는 티옹 바루 베이커리(Tiong Bahru Bakery)가 있다. 싱가포르 내에서 크루아상이 가장 맛있다는 놀라운 곳. 미니 뉴욕 맨해튼으로 통하는 '오픈 도어 폴리시(Open Door Policy)'는 주말 브런치의 메카다.

■ 리틀 인디아

이름 그대로다. 싱가포르 속 인도다. 세랑군 로드가 중심이다. 리틀 인디아에서 가장 분위기 있는 힌두교 사원인 스리 비라마칼리암만 사원(Sri Veeramakaliamman Temple), 구글에서 추천하는 '싱가포르에서 가장 맛있는 비르야니' 레스토랑으로 유명한 비스밀라 비르야니(Bismillah Biryani)와 '피시 헤드 커리'의 원조이자 가장 맛있다고 소문난 무투스 커리(Mutu's Curry) 등 인도의 색이 진한 장소와 테카 센터(Tekka Centre), 무스타파 센터(Mustafa Centre) 등 저렴한 물건을 판매하는 쇼핑몰이 공존한다. 아무리 바쁘더라도 이곳 짜이 만큼은 꼭 맛보실 것. 제대로 된 인도 커리는 피시 헤드 커리(Fish Head Curry)가 딱이다.

■ 아랍 스트리트

싱가포르 속 아랍. 이름하여 '캄퐁 글람(Kampong Glam)'. 그냥 아랍 스트리트라고 편하게 부른다. 리틀 인디아 근처다. 싱가포르에서 가장 오래되고 가장 큰 이슬람 사원인 술탄 모스크(Sultan Mosque)가 자리하고 있다. 현재까지도 이슬람 신자들이 기도를 드리는 예배당으로 쓰인다. 중동산 카펫과 전통 의상인 바틱 드레스를 판매하는 상점들이 모여 이국적인 풍경을 자아낸다. 잘만 고르면 '아라비안 나이트' 장면처럼 양탄자를 타고 날아갈 것 같은 느낌까지 든다. 동시에 하지 레인(Haji Lane)이라는, 싱가포르에서 가장 좁지만 가장 생동감 넘치는 거리도 볼 수 있다. 독립 부티크들이 모여 있는 곳이다.

이곳에서 꼭 맛봐야 할 음식은 '잠잠(Zam Zam)'의 무르타박(Murtabak). 얇게 편 로티 반죽에 다진 고기와 양파, 마늘을 넣고 기름에 지진 후 차곡차곡 접어 달걀 노른자를 발라낸 무슬림 푸드다.

부록

세계공통매너

한국관광공사와 함께하는
글로벌 에티켓
무작정 따라하기

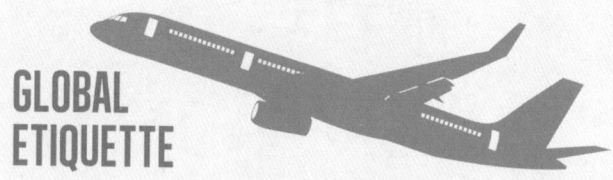

GLOBAL ETIQUETTE

문을 열고 들어갈 때 뒷사람을 위해서 문을 붙잡고 있는 것이 일반적이며, 고맙다고 말하는 것도 잊지마세요.

줄 서는 것을 큐잉(queuing)이라고 하는데 식당, 학교, 관공서, 대중교통, 화장실 등을 이용할 때 한 줄로 서 있다가 자신의 순서를 기다려야하며, 새치기하면 안됩니다.

재채기를 하면 주위사람들이 "bless you"라고 하며 당사자는 "thank you"라고 응대합니다.

대화를 할 때 상대방의 눈을 응시하며 인사하는 것이 매너이며, 길을 가다가 모르는 상대와 눈이 마주치더라도 살짝 눈인사를 하는 것이 좋습니다.

세계공통매너

거절을 할 때 yes나 no의 의사표현을 명확하게 하는 것이 좋습니다.

아기가 이쁘다고 부모의 동의없이 함부로 만지는 것은 예의가 아니므로 주의해야 합니다.

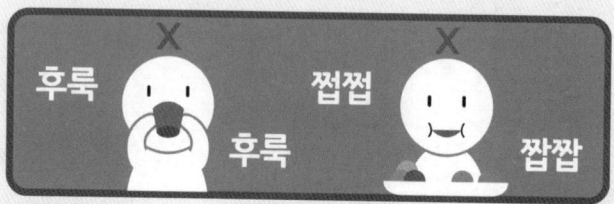

음식을 먹을 때 쩝쩝등의 소리를 내는 것은 에티켓에 어긋납니다. 더불어 음료를 마실 때 후루룩 소리 혹은 카~ 등의 소리를 내는 것도 에티켓에 어긋나는 행동입니다.

브라질을 제외한 대부분의 국가는 시간약속에 관대하지 않습니다. 특히 일본, 독일 등에서는 약속시간에 늦는 일이 없도록 합시다.

기본적으로 실내에서 흡연은 금지되어 있습니다. 일부 국가는 보행 중 흡연할 경우 큰 금액의 벌금이 부과됩니다.

서양의 욕실은 대부분 욕조외엔 배수구가 없습니다. 샤워시 커튼을 치지 않거나 욕조 외부에서 물을 사용하게 되면 숙소안으로 물이 넘칠 수 있습니다.

일본인들은 식사할 때 밥공기를 왼손에 들고 젓가락으로 먹으며 국을 먹더라도 숟가락을 사용하지 않습니다.

상대방에게 젓가락으로 음식을 건네주어서는 안됩니다. 일본은 화장 후 남은 뼛조각을 유족들이 젓가락으로 서로 받아 옮기기 때문에, 이를 매우 불길하게 생각합니다.

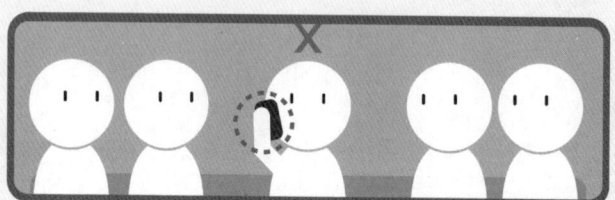

일본에서 대중교통을 이용할 때 전화통화는 될 수 있으면 자제하는 게 좋습니다.

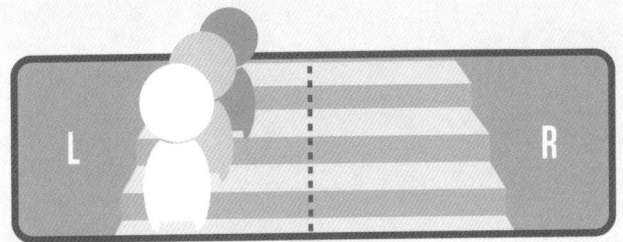

일본은 좌측통행이므로 에스컬레이터를 탈 때 [오른쪽] 을 비워놓아야 합니다.
(오사카 지역은 반대)

일본의 택시는 자동문이므로 직접 닫거나 열려고 하지 않습니다.

온천욕은 하기 전에 몸을 깨끗이 씻고 머리카락은 단정하게 묶기. 때를 밀거나 수건을 탕 안에 넣으면 안됩니다.

중국

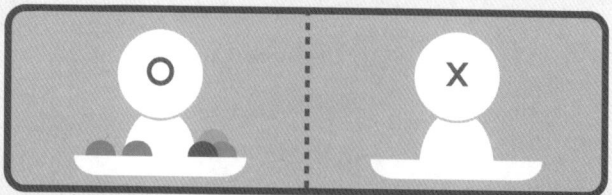

식사 시 제공되는 음식은 모든 것을 맛보되 접시를 완전히 비우지 마세요. 완전히 비우게 되면 아직 배가 부르지 않아 주인이 더 내어주어야 할 것으로 여깁니다. 음식을 남기는 것이 중국인들에게 있어 맛있고 충분히 잘 먹었다는 뜻이 됩니다.

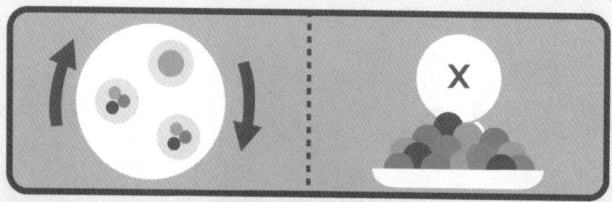

중식 테이블은 보통 회전식탁인데 시계방향으로 돌리는 것이 에티켓이며 아무리 좋아하는 음식이라도 다른 사람을 배려해 적당량만 덜어내야 합니다.

중국인이 술을 권할 때는 거절하지 마세요. 술잔이 비면 채워주는 첨잔 문화이기 때문에 술을 많이 마시고 싶지 않을 경우 반잔 정도로 채워두세요.

종업원이나 일행이 차를 따라주면 검지와 중지로 탁자를 가볍게 두드리는데, 이것은 [차를 따라줘 고맙다] 는 의미입니다.

찻주전자에 물을 더 넣고 싶을 때는 뚜껑을 들어 찻주전자 입구에 얹어두거나 비스듬히 걸쳐두면 종업원이 다가와 뜨거운 물을 채워줍니다.

중국인들은 선물을 바로 받지 않는 습관이 있으므로 거절하더라도 여러 번 권하는 것이 좋습니다.

인도네시아인들은 화장실 이용이나 쓰레기 등 지저분한 것을 만질 때만 왼손을 사용한다고 생각하기 때문에 밥을 먹거나 남을 가리킬 때는 오른손을 사용해야 합니다.

필리핀에서 식사 시 코를 풀거나 입에 음식을 넣고 이야기 하지 않는 것이 좋습니다. 국물은 소리내지 않고 마셔야 하며, 음식은 적당량을 남기는 것이 예의입니다.

태국의 불교 사원의 본당을 오를 때는 신발을 벗어야 하며, 여성의 경우 무릎 아래로 내려오는 긴 치마를, 남자의 경우 긴바지를 입습니다. 불상에 손을 대서는 안되며, 사원에서 기도중인 사람 앞으로 걸어가지 마세요.

필리핀,태국,싱가포르,
인도네시아,말레이시아

태국에서는 [와이] 라고 불리는 인사를 합니다. 두 손을 붙여 손끝을 하나로 향하게 한 후 팔을 몸 가까이 붙이고 얼굴 위치에 가져오면 됩니다.

공공질서의 천국이라고 불리우는 싱가포르에서는 실내에서는 거의 모든 곳이 금연이며, 공공장소에서 쓰레기를 투기하거나, 대중교통 이용 시 음식물을 섭취하거나, 새에게 먹이를 주는 경우 벌금을 내야 하므로 주의해야 합니다.

태국 및 인도네시아, 말레이시아를 비롯한 무슬림 국가에서는 머리를 매우 신성한 부분으로 여기기 때문에 아이가 귀엽다고 해서 함부로 머리를 쓰다듬어서는 안됩니다.

이슬람 문화

이슬람 문화 에티켓 알고 떠나자 ~!

- 이슬람인들은 술과 돼지고기를 먹지 않습니다. 따라서 술을 선물로 주는 것은 예의에 어긋납니다.

- 왼손은 부정하다고 생각하기 때문에 악수나 식사를 할 때, 선물이나 명함을 교환할 때 반드시 오른손을 사용합니다.

- 이슬람 특성 상 알라(신)외에 머리를 숙이지 않는 것이 종교적 관례이므로 한국처럼 고개를 숙이면서 인사를 하지 않는 것이 좋습니다.

- 모스크(mosque)는 이슬람 사원으로 무슬림만 입장할 수 있으나 일부는 관광객에게 개방됩니다. 모스크 방문을 위해 이슬람 율법에 따라 남성은 반바지를 피하고, 여성은 긴 팔, 긴 바지, 긴 치마 등을 착용하고 스카프로 머리를 가려야 합니다.

- 이슬람 국가에서는 모르는 여성과 사진 촬영을 하지 않는 것이 좋습니다.

- 아랍 문화권에서 발바닥을 남에게 보이는 것은 상대방에 대한 모욕으로 여깁니다. 신발을 벗고 바닥에 앉아 양반다리를 하더라도 발바닥이 상대방을 향하지 않도록 주의해야 합니다.

- 이슬람 교도는 하루에 5번 철저히 기도를 하는데 해 길이에 따라 매번 기도 시간이 달라집니다. 기도 시간이 되면 일을 멈추고 기도해야 하기 때문에 달리는 차 마저 길거리에 멈춰 메카방향을 향해 기도를 하며, 상점을 여는 것도 불법입니다. 기도 시간 때문에 음식점에서 밥을 먹던 손님이 쫓겨나기도 하니 사전에 인지하고 방문해야 합니다.

- 이슬람 문화권은 목~금, 금~토, 금, 토~일 등 다양한 주말제를 실시하고 있으므로 사전에 확인해야 합니다.

★라마단 기간이란?★

아랍권 22개국을 포함한 전 세계 15억명 이상의 이슬람인들은 8월 21일부터 한 달간 해가 떠있는 낮 동안 음식은 물론이고 물도 마시지 않고 흡연을 하지 않으면서 자신의 삶을 되돌아보는 수행의 시간을 갖습니다. 라마단 기간 동안 여행 또는 업무상의 이유로 이슬람 교도를 만난다면 공공장소 및 길거리에서 흡연, 음식, 음료 섭취를 삼가하세요. 라마단 기간 중에는 특별히 허가 받은 레스토랑만 낮 시간에 영업을 하니 반드시 방문할 곳의 영업시간을 확인하는 것이 좋습니다. 음식은 되도록 실내에서 먹는 것이 좋으며 공공장소에서 고성방가는 자제하는 것이 좋습니다. 라마단은 모두가 자비를 베푸는 기간이기 때문에 지나치게 물건 값을 깎거나 팁을 아끼면 안됩니다.

이집트

- 이집트 문화에서는 결혼, 장례식, 문병 등의 경우에만 꽃을 선물합니다.

- 손뼉을 치는 것처럼 손바닥을 보이거나 누군가의 얼굴을 향해 손을 뻗으면서 손바닥을 보이는 행동은 무례하다고 여깁니다.

- 레스토랑 서비스를 만족하는 경우 10~12%의 팁을 주고, 택시 운전사에게는 10% 정도의 팁을 주는 것이 예의입니다.

사우디 아라비아

- 사우디아라비아 입국 시 술, 돼지고기, 기독교 제품은 반입이 금지될 정도로 외국인도 철저히 이슬람 규범을 지켜야 합니다.

- 사우디아라비아에서 마약을 소지할 경우 공개 참수형에 처하며, 침을 뱉는 것도 금기 사항입니다.

- 사우디아라비아 사람들은 인사를 상당히 길게 하는데 길게 할수록 더욱 공경의 의미를 가지기 때문에 성의있게 받아줘야 합니다.

- 발끝을 보이거나 하품을 하는 것은 무례하다고 생각하므로 주의해야 합니다.

- 차를 접대하는 것은 [존경의 표현] 이기 때문에 차를 거부하면 주인을 모욕하는 것으로 인식합니다.

미국인들은 선물을 받으면 거절하지 않고, 그 자리에서 바로 뜯어보고 감사의 마음을 전합니다.

운전자의 옆자리는 운전자만의 공간이라고 생각하기 때문에 택시 탑승 시 운전자의 옆자리에 앉지 않습니다.

저녁식사나 파티에 초대를 받으면 답장을 바로 해야 합니다. RSVP(Répondez s'il vous plaît; 르퐁데 실 부 플레)란 답장을 달라는 뜻으로 초대장에 일반적으로 기입되어 있습니다.

미국인들은 프라이버시를 매우 중요하게 생각하므로 나이, 종교, 인종, 연봉 등을 묻는 것은 매너에 어긋납니다.

미국인들은 코를 풀지 않고 훌쩍 거리는 것을 불결하다고 여기며, 식사 시에도 코를 푸는 것이 일반적입니다.

미국은 화장실 문 아래쪽이 뚫려 있어서 안에 사람이 있는지 없는지 확인이 가능합니다. 노크를 하는 것은 빨리 나오라고 재촉하는 것으로 상대에게 실례가 됩니다.

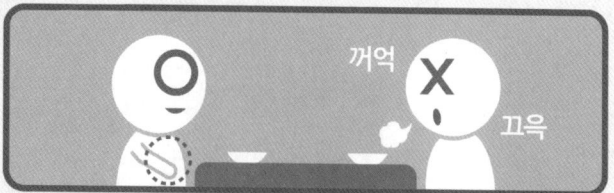

영국과 마찬가지로 식사 시 팔은 테이블 아래에 두어야 하며 트림을 하지 않습니다.

여성을 향해 윙크하는 것은 친한 사이에도 실례입니다.

미국과 달리, 공공장소에서 코를 풀지 않는 것이 좋습니다.

버스를 이용할 때 앞 좌석은 보통 노약자, 장애인을 위한 좌석으로 비워두는 것이 예의입니다.

공공장소에서 음주, 욕설, 불건전한 언어, 방뇨는 법으로 금지되어 있으며 거리에 침을 뱉는 행동은 철저히 규제되고 있습니다. 거리에서 술병을 보이도록 들고 다니면 벌금을 물 수 있으니 타월, 가방, 종이 등으로 가리고 다녀야 합니다.

호주에서 택시를 혼자 타는 경우 운전사의 옆 자리에 앉는 것이 예의입니다.

다양한 요리가 발달한 만큼 프랑스의 식사에티켓은 매우 까다롭습니다. 손으로 먹거나 길에서 먹는 행동, 빵을 나눠서 먹지 않고 한번에 먹는 것은 피하세요.

와인이 나오기 전 잔은 자신의 오른쪽에, 와인을 따를 때는 잔을 들지 않습니다.

꽃을 선물할 때에는 짝수로 선물하지 마세요. 또한 장례식과 연관되는 국화나 흰색 백합, 불운을 의미하는 빨간 카네이션은 선물하지 않는 것이 좋습니다.

프랑스인들은 친구를 만나거나 헤어질 때 두 뺨에 서로 입을 맞추는데 이를 [비즈(bise)]라고 부릅니다. 이것은 진짜 키스가 아닌 뺨끼리 부딪치며 입으로 소리를 내는 것입니다.

프랑스인에게 와인을 선물하는 것은 한국인에게 막걸리를 예쁘게 포장해 선물하는 것과 같으므로 적절하지 않습니다.

프랑스에서 o.k. 사인은 '가치가 없다'는 뜻이므로 사용할 때 조심하는 것이 좋습니다.

독일인들은 식사를 조용히 하는 것이 예의라고 생각합니다.

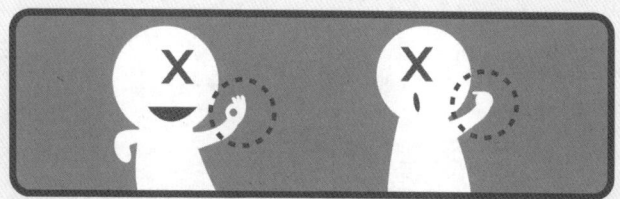

"오케이 사인"은 독일에서 무례하다고 여기니 조심하세요. 또한 둘째 손가락으로 머리를 가리키는 행동도 욕으로 간주합니다.

식사가 모두 끝났을 때는 냅킨을 접어서 왼쪽에 놓은 뒤 칼과 나이프를 가지런히 접시 위 오른편에 올려 놓습니다.

독일인은 처음 만날 때 이외에는 악수를 거의 하지 않으며 식사를 하였는지 묻는 것은 매너에 어긋납니다.

독일에서 장미는 "구애" 의 의미를 담고있기 때문에 함부로 장미를 선물하지 않습니다.

독일 레스토랑에서는 좌석 예약을 한 경우가 아니면 좌석안내를 받을 필요 없이 본인이 선택할 수 있습니다.

미국과 달리 영국인들은 공공장소에서 코 푸는 것을 매우 불쾌하다고 생각합니다.

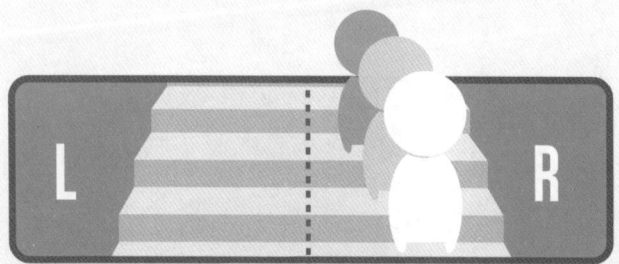

에스컬레이터 이용 시 왼쪽은 바쁜 사람들을 위해 항상 비워두고 오른쪽에 서야 합니다.

손등을 보이며 "V사인"을 하는 것은 무례하다고 여깁니다.

영국인들은 친한사이라고 해도 기본적으로 신체접촉을 꺼리는 편이며, 처음보는 사람 특히 이성과의 신체접촉은 매우 불쾌하게 여깁니다.

길에서 침을 뱉는 것은 금기이며, 커피숍에서 재떨이에 침을 뱉으면 꽁초나 휴지가 쌓여 있어도 바꿔주지 않습니다.

초콜릿이나 꽃을 선물하는 것이 일반적이나 백합은 죽음을 상징하므로 피하는 것이 좋습니다.

이탈리아에서는 손가락을 턱에 댔다 떼었다 하면 '귀찮다"는 의미이고, 자신의 귀를 만지는 것은 상대를 모욕하는 사인이므로 삼가해야 합니다.

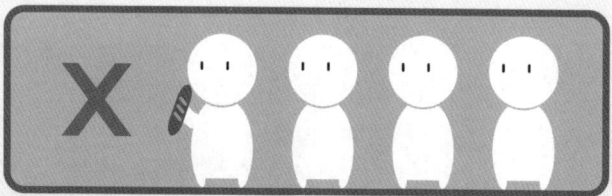

아이스크림을 먹는 것을 제외하고는 도보 시, 버스, 지하철을 타면서 음식을 먹는 것은 예의가 아닙니다.

이탈리아의 성당에 들어가려면 보수적인 옷차림이 필수입니다. 소매가 없는 셔츠나 반바지, 미니스커트는 입장이 불가능합니다. 미사 중에 사진촬영은 매너에 어긋납니다.

이탈리아 호텔의 경우 욕실에 긴 줄이 하나씩 달려 있는 경우가 있는데 목욕 중 발생할 수 있는 여러 가지 위급한 상황에 응급 상태를 호텔측에 알리기 위한 비상 도구이기 때문에 호기심에 당기면 안됩니다.

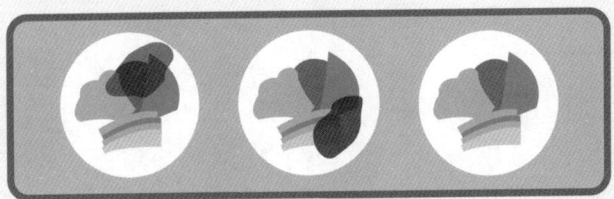

샐러드는 반드시 각자의 접시에 덜어서 소스를 첨가하여 먹습니다. 소스에 대한 개인의 취향을 존중하기 때문입니다.

식탁 위에 놓여있는 소금, 후추통을 다른 사람에게 건네받으면 안 좋은 일이 생긴다고 믿기 때문에 직접 가져다 먹는 것이 예의입니다.

죽음을 의미하는 검은색, 자주색이나 인간관계의 단절을 뜻하는 칼 선물은 피하는 것이 좋습니다.

오케이 사인의 손동작은 상대방을 비난하는 표시이므로 조심하는게 좋습니다.

점심식사 시 2시간 이상 여유롭게 먹는 것이 일반적입니다. 브라질인들은 식사 시 손으로 음식을 거의 먹지 않습니다. 과일을 먹을 때도 나이프와 포크를 사용한답니다.

브라질인들은 시간약속에 철저하지 않습니다. 비즈니스 미팅 시 10~15분 늦는 것이 일상적입니다. 저녁 초대를 받은 경우 20분 정도 늦게 도착하는 것이 예의입니다.

브라질인들은 친근감의 표시로 상대의 어깨나 팔꿈치를 치며 이야기하며 한국인보다 개인의 사적 공간을 훨씬 가깝게 인정합니다.

베이징우(beijinho)는 브라질식 인사법으로 여자끼리 혹은 여자와 남자가 인사할 때 서로의 양쪽 볼을 교차하여 살짝 맞대며 [쪽] 소리를 내면 됩니다. 남자들끼리 인사를 나눌 때는 악수를 합니다.

테이블 매너

좌빵우물! 왼쪽의 빵과 오른쪽의 물잔이 자신의 것이라는 뜻으로 빵은 왼손으로 들고 찍어먹기 쉽게 왼쪽에 두는 것이고 물은 오른쪽에 둡니다.

빵은 부스러기가 떨어지므로 왼쪽의 작은 접시로 가져와 손으로 떼어 먹습니다. 빵을 나이프로 자르는 것은 매너에 어긋납니다.

포크와 나이프가 여러 개 배치되어 있다면 무조건 바깥쪽부터 사용하면 됩니다.
에피타이저 – 샐러드 – 스프 – 메인디시용 순으로 놓여있습니다.

식사 중에 자리를 비울 때는 냅킨을 반으로 접어 의자에 놓아야 합니다.

식사중에는 포크와 나이프를 양쪽(8시 20분 방향)에 놓고, 식사가 끝나면 나이프의 칼날은 안쪽으로 향하게 해서 접시 중앙의 오른편(4시 20분 방향)에 놓습니다.

물컵 / 와인잔 / 커피 / 티

샐러드용 나이프 / 육류용 나이프 / 어류용 나이프 / 스프용 스푼 / 해산물용 포크

포도주를 마실 때는 포도주의 온도가 금방 오르지 않도록 잔의 목 밑부분을 잡고 마셔야 포도주가 제 맛을 잃지 않습니다.

요리가 제공되면 냅킨은 무릎위에 가지런히 펼쳐놓고, 자리를 뜰 때는 냅킨을 의자 위에 둡니다.

식사 도중 포크나 나이프를 떨어뜨렸다면, 직접 줍지 말고 웨이터를 부르세요. 이 때 가볍게 손을 들어 웨이터에게 눈짓하면 됩니다.

유럽은 물에 석회성분이 많아서 우리나라처럼 수돗물을 끓여서 먹을 수 없습니다. 그러므로 식당에서는 물을 따로 제공하지 않고 미네랄 워터를 판매하는 경우가 일반적입니다.

호텔 레스토랑에서 아침식사 시 나오는 과일, 빵 등의 음식을 싸서 나오는 경우가 있는데 현지인이 보기에 매우 무례한 행동입니다.

세계의 팁 매너

캐나다
미국과 마찬가지로 대부분의 서비스들을 제공하는 모든 영역에 팁 지불
TIP: 10-15%

미국
사람이 서비스를 제공하는 모든 영역에 팁 지불. 레스토랑, 미용실, 택시, 호텔 등
TIP: 15-20%

멕시코
미국과 마찬가지로 사람이 서비스를 제공하는 모든 영역에 팁 지불. 현금이 선호되며 미국 달러나 멕시코 페소로 지불
TIP: 10-15%

브라질
대부분의 경우 팁 주지 않으며 레스토랑에서 10%의 봉사료가 붙음
TIP: No tip

아르헨티나
봉사료가 붙지 않은 레스토랑에서는 10% 정도가 적당하며 달러가 아닌 페소를 선호
TIP: No tip

영국
레스토랑은 보통 봉사료가 포함되어 있으며 그렇게 않은 경우 팁은 10-15%가 적당. 추가요금(optional charge)으로 표시되어 있으면 팁을 줄 필요는 없음
TIP: 호텔 포터 및 룸 관리인 1-2 파운드, 택시 요금의 10% 이상, 팁: No tip

프랑스
프랑스인들은 자녀식사를 할 경우 10% 정도 팁을 지급하는데 여행객들은 매우 훌륭한 서비스를 받은 경우이 아니면 팁을 줄 필요가 없음
TIP: 10%

독일
레스토랑, 술집 모두 팁을 지급
TIP: 10-15%

스위스
보통 15%의 봉사료가 포함되어 나오지만 고급 레스토랑은 약간의 팁을 더 주는 것이 관례
TIP: 15%

이탈리아
레스토랑에서 10% 정도의 팁을 지급하며 문하에서 배달을 제공하는 서비스를 사용한 경우에는 팁을 주지 않는 것이 일반적임
TIP: 10%

이집트
봉사료가 포함되어 있으나 5-10% 추가로 주는 것이 관례이며 현지화폐이 미국달러를 선호
TIP: 5-10%

터키
현금으로 10% 정도로 지급하며 리라화, 달러, 유로화로 지급
TIP: 10%

중국
No tip

일본
No tip

태국
팁문화는 없으나 외국인 관광객은 보통 $10 이상의 팁을 주는 것이 일반적

인도네시아
호텔, 레스토랑의 요금에 10% 기본으로 포함됨. 그렇지 않은 레스토랑의 경우에 10%를 팁으로 지급
TIP: 10%(택시도 팁이 필수 아님)

필리핀
봉사료가 보통에 포함되어 있지 않은 경우에는 10% 정도 지급

말레이시아
레스토랑 요금에 10% 봉사료 포함됨
TIP: No tip

싱가포르
호텔과 레스토랑의 경우 10%가 봉사료 포함됨
TIP: No tip

알면 돈 되고 모르면 호갱님 되는 알짜배기 팁 56
여행전문기자 신익수의 **닥치IGO! 여행** 시즌 2_해외여행 Tip 편

초판 1쇄 2014년 11월 25일

지은이 신익수
펴낸이 전호림 **편집총괄** 고원상 **담당PD** 최진희 **펴낸곳** 매경출판㈜
등 록 2003년 4월 24일(No. 2-3759)
주 소 우)100-728 서울특별시 중구 퇴계로 190 (필동 1가) 매경미디어센터 9층
홈페이지 www.mkbook.co.kr
전 화 02)2000-2610(기획편집) 02)2000-2636(마케팅)
팩 스 02)2000-2609 **이메일** publish@mk.co.kr
인쇄 · 제본 ㈜M-print 031)8071-0961

ISBN 979-11-5542-191-8(13980)
값 13,000원